桜美林大学 叢書 vol. 010

ワークショップでつくる異文化間教育

ホンモノが生み出す学びの意義と可能性

桜美林草の根国際理解教育支援プロジェクト

石塚美枝 監修　岩本貴永・清水貴恵 著

J. F. Oberlin University

ワークショップでつくる
異文化間教育

はじめに
～はじまりはいつも遊びから～

「グローバル化と多文化化が急激に進みつつある今日の世界では、文化や民族的背景を異にする人々と協働・共生していくための人間的能力と資質を育成することが教育上の重要課題となっています。」

高橋2008

　筆者ら桜美林草の根国際理解教育支援プロジェクト（以下、草の根プロジェクト）は、こうした問題意識のもと、四半世紀にわたり、本学による地域貢献事業として学校および社会教育の現場に対する教育支援活動に取り組んできました。草の根プロジェクトはこの「人間的能力と資質」を「異文化間能力」と捉えています。これは、「異文化リテラシー」「異文化間コンピテンシー」などさまざまな考え方がありますが、「基本的には、異文化を拒否せず受け入れ、それに対して、認知、情動、行動のすべての面において、自らを柔軟かつ適切に調整できる能力・資質のこと」（高橋2009a：43）ということができます（第6章で詳しく紹介します）。

　多様な背景や個性を持った人々が共生する社会において、こうした異文化間能力はより多くの人に求められる資質・能力ではないかと考えています。私たちは、私たちが保有する一般的な教育現場には見られないユニークな「ホンモノ」の特徴を活かしながら活用することで、この「異文化間能力」の育成に貢献できると考え、試行錯誤しながらさまざまな手法を開発してきました。

　まずは、2つのホンモノである「ヒト」と「モノ」と、それらの教育リソース（資源）としての特徴を紹介しましょう。

 ヒトの教育リソース
多様な背景を持つ学生スタッフ

⬆地域に貢献したいという思いを持った留学生・日本人学生
草の根プロジェクトの活動に共感したり、興味・関心を持った学生によるコミュニティを学期
ごとに組織します。ワークショップなどの実践に応じたチームを編成し、活動します。

留学生を含む桜美林大学の学生

「地域の教育に自分も貢献したい」そんな動機をもって、草の根プロジェクトの
メンバーとなった桜美林大学で学ぶ各国の留学生・日本人学生です。一人ひとり
が今持っている力を活かし、エデュケーター（教職員）とともに地域のさまざま
な現場でアウトリーチ教育プログラムの実施に携わります。

　彼らはまさに生きた教育リソースです。各現場で出会う学習者とさまざまな活
動をともにすることで、異文化コミュニケーションを実践する機会を創出します。

➡「留学生と一緒にチャレンジして学ぶ『聴く』と『協働』」（p.136）にて
終了後、達成感をハイタッチで子どもたちと分かち合う留学生。

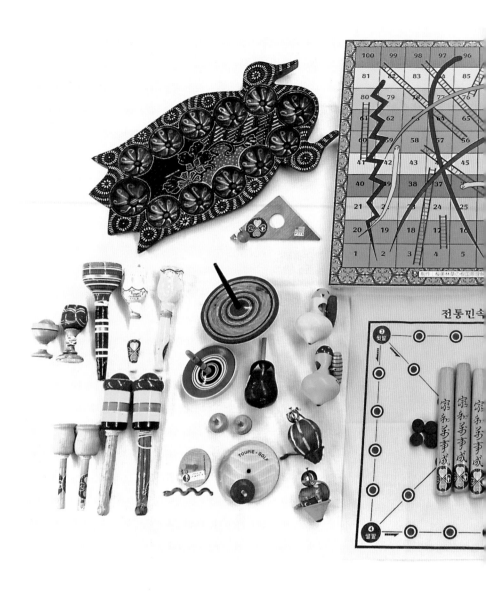

 モノの教育リソース
世界各国から収集した実物資料

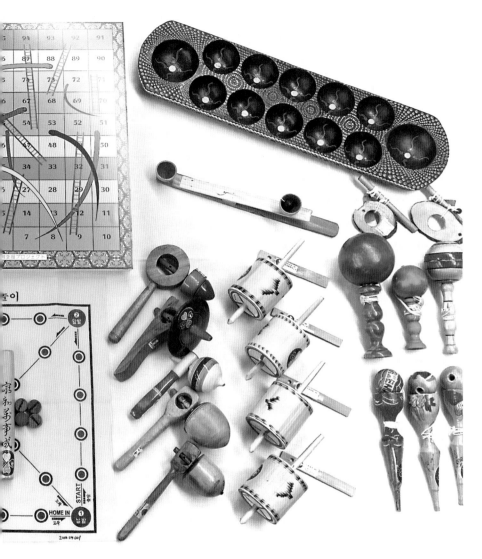

↑草の根プロジェクトが保有する世界の遊び道具コレクションの一部
上段左右：インドネシアの「ダコン」（世界でマンカラと総称されるボードゲーム）。
上段中央：インドのすごろく「へびとはしご」（草の根プロジェクト制作）。
下段中央：韓国のすごろく「ユンノリ」。
下段左右外側：世界のけんだま。
下段左右内側：世界各地のコマ。

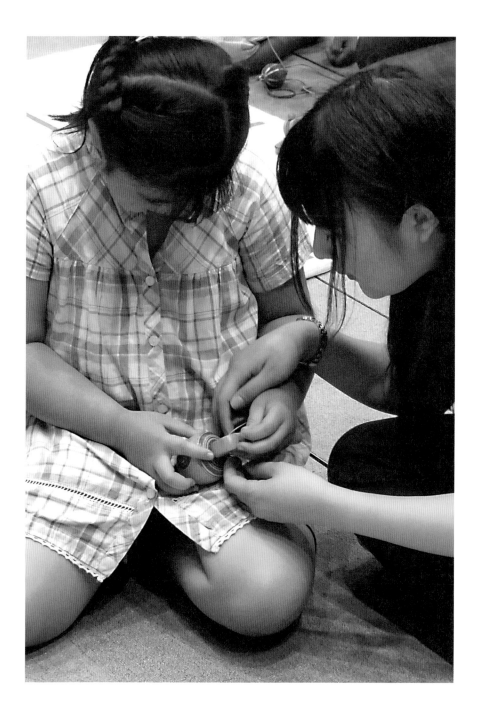

 ## モノ―世界各国から収集した実物資料

　草の根プロジェクトは、教育的な利用を目的に、世界中から多種多様な実物資料を収集しています。その範囲は、衣・食・住といった人々の日常生活の基本に関わるものから、楽器や遊び道具などのアートや娯楽のための品々まで多岐にわたっています。

　これらの実物資料は、ハンズ・オン（直接手で触れて体験する）での利用が可能です。実際に使ってみるのはもちろん、手に取って感触や重さを確かめたり、動かしながらじっくりといろいろな角度から観察したりすることができます。

←多種多様なコマを回す体験をするワークショップにて
コマ回しに取り組む子どもとそれを支援する学生スタッフ。

スマートフォンなどの情報機器やさまざまなメディアが広く普及した今日では、組織レベルから個人レベルのものまで、多様な主体が国境を越えて情報を発信しています。インターネットにアクセスして検索することができれば、こうした情報を容易に集めることができるようになりました。情報だけでなく、国境を超えた人や物の移動も、もはや珍しくありません。日常生活において私たちは、エンターテインメントや食文化などを通じて、多様な文化に触れ、消費しています。

　このような社会・生活環境で、草の根プロジェクトのヒトやモノは、教育リソースとして、どのような意義が見出せるでしょうか。

　私たちは、一方的な関係から得られる情報や経験ではなく、これらのホンモノを教育リソースとして活用することによって、双方向の関係性から学ぶ場を創り出すことができます。そうすることによって、未知の異文化と出会った時に、相手を尊重し協働・共生するために必要な能力・資質、すなわち「異文化間能力」の育成が可能になると考えています。

　私たち草の根プロジェクトは、ワークショップなどの形でこうした可能性を具現化する学びづくりに取り組んできました。ワークショップは学習者の好奇心を刺激し、ワクワクするような問いかけで始まるアクティビティによって構成しています。そこで学習者は、机や椅子のないオープンスペースでさまざまなアクティビティに取り組みます。ただ話を聞いたり、何かを見たりするだけでなく、ほかの学習者とともに何かに取り組みます。そうすることで、私たちは、学習者にさまざまなことを感じたり、考えたり、気づきを得てもらいたいと考えています。

➡ 「世界の楽器の音クイズとアンクルン合奏ワークショップ」(p.72) にて
多種多様な楽器を手に取り、音を出してみる子どもたち。

草の根プロジェクトのワークショップに参加する学習者は、一見すると遊んでいるように見えるかもしれませんが、そうした見方は間違いではありません。なぜなら、草の根プロジェクトのワークショップでは遊びの要素をできる限り取り入れているからです。好奇心や探究心を刺激し、楽しく、興味深いアクティビティに学習者が協働的に取り組みながら没入することで、得られるものがあります。それは、みなさんにも経験があるのではないでしょうか。ICTを活用したリモートによるコミュニケーションがコロナ禍を通じて一気に当たり前のものとなりました。しかし、「ホンモノと対面しなければできない・わからない」ことがあります。みなさんもお感じではありませんか。それがなぜなのか、どのような意味や効果があるのか。私たち草の根プロジェクトが取り組んできた、本物のヒト・モノと出会うことによって始まる学びの手法が一つの答えとなり、読者のみなさんの助けになることを願っています。

　　2022年2月

　　　　　　　　　　　　　　　　　　　　　　　　　　　岩本 貴永

←世界の遊び道具を活用した「触察伝言ゲーム」（p.97）
子どもたちに問いかける学生スタッフとそれに応える子どもたち。

Contents

序　章

桜美林草の根国際理解教育
支援プロジェクトとは

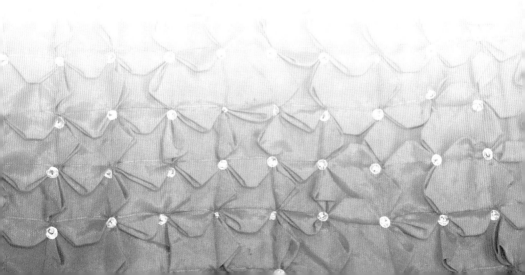

私たちは桜美林草の根国際理解教育支援プロジェクト（以下、草の根プロジェクト）です。草の根プロジェクトは「桜美林学園の立地する東京都町田市とその周辺地域における草の根レベルの国際理解・異文化理解を促進するための教育活動を多面的に支援する事を目的とした事業」（上山1998）に取り組んでいます。

名称に「草の根」と冠しているのは、地域の学校をはじめとした多様な現場で教育に取り組む人々を、フォーマルな管理組織を通さず、単純明快に一対一の関係で直接支援することを基本としているからです。こうした大学による地域貢献事業としての意義について高橋（2008）は以下のように述べています。

大学が有している豊かな教育資源を地域社会に公開提供して、地域の教育内容を豊かにし、その実をさらに高めてもらうことこそが、大学の地域に対する重要な社会的貢献である。

高橋2008

本書では、こうした理念のもと草の根プロジェクトが取り組んできた「ホンモノ」を活用する教育活動の今日的な意義と、培ってきた「チエ・ワザ」を紹介します。そして、日々学びの現場や家庭で子どもたちを育て、成長を見守るすべてのみなさんにこのようなユニークな学びの場が開かれているということをお伝えしたいと考えています。さらに、私たちの豊かな体験を通じた学びづくりの手法をヒントにしたり、みなさんが携わる教育現場との連携のきっかけとなることを願っています。

本書の構成

本書の冒頭で紹介した通り、草の根プロジェクトは2つの「ホンモノ」を持っています。

草の根プロジェクトは、1997年の活動開始以来、これらのホンモノを教育リソースとして地域の教育現場で活用する活動に取り組み、継続し、発展させてきました。そのための仕組みが「アウトリーチ教育プログラム」です。アウトリー

【図序-1】実物資料を活用したワークショップ
身を乗り出してファシリテーターである学生の声に耳を傾ける子どもたち。実物資料を題材に、
「これは何だと思う？」「どうやって使うものだろう？」「実際に手に取って試しながら考えて
本当にやってみよう」など、ファシリテーターはさまざまな問いかけで学習者の体験を促します。

チ教育プログラムとは、草の根プロジェクトが保有する教育リソースを活用し、
国際理解・多文化教育などにつながる体験的な学びを、学校や社会教育施設など
地域の多様な教育現場からの依頼に応じて提供する仕組みです。

　第1章では、草の根プロジェクトが持つ「ヒト」「モノ」「チエ・ワザ」の3つ
の教育リソースと、それらを教育現場に届ける「アウトリーチ教育プログラム」
を紹介します。草の根プロジェクトの明確な特徴として、「ヒト」と「モノ」を
教育リソースとして保有しているという点があります。しかし、それらを持って
いるだけでは何も始まりません。そこでカギになるのが、これら本物を教育リ
ソースとして活かすためのアイデアやノウハウである「チエ・ワザ」です。
　チエ・ワザの出発点は、「ホンモノが学習者とともにあることで初めて実現で
きる教育活動とはどのようなものなのか」ということです。アウトリーチ教育プ
ログラムはそのための手段であり、いかにしてヒトやモノと学習者を結びつける

のかということに取り組んできました。多くの試行錯誤を経てチエ・ワザを蓄積し、形にすることができたのが、ヒトとモノを活かした「ワークショップ」です。ワークショップについては、第5章で詳しく述べるように、学習者が机に座って講義を聞いているのではなく、参加、体験しながら学ぶ手法です（図序-1）。

　そこで、第2・3章では草の根プロジェクトがこれまで実施してきたワークショップの事例を「ワークショップメニュー」という形で8種類紹介します。どのような教育リソースを活用するかで分類し、第2章ではモノを活用するワークショップを5種類、第3章はヒトを活用する3種類取り上げます。

　草の根プロジェクトでは、ワークショップを複数の「アクティビティ」によって構成しています。アクティビティは、学習者がヒトやモノと関わる文脈をつくり出し、多種多様な体験や協働を通じたコミュニケーションを生み出すグループで取り組む課題です。ここでは、各メニューを構成するアクティビティの具体的な内容や手順、期待される効果を紹介していきます。それぞれのワークショップにおいて、どのようなことがなされるのか明確にイメージしていただけることでしょう。草の根プロジェクトのワークショップならではのいきいきとした現場の様子も伝われば幸いです。

　第4章では、読者のみなさんが自身の身近に存在するヒトやモノを活かすためのヒントを、ワークショップメニューから抽出して提案します。本書で紹介するワークショップは、草の根プロジェクトのヒトやモノがあることが前提となっています。それでは、本書で紹介するような活動が私たちにしかできないかというと、そのようなことはありません。私たちのチエ・ワザを材料に、読者のみなさんを触発し、身の回りにあるヒトやモノを活用する教育活動を後押しできることを期待しています。

　第5・6章は、草の根プロジェクトのワークショップが、教育活動としてどのような意義を持ち得るのか、その手法と目標とするものについてもう一歩踏み込み、詳しく紹介します。

　第5章では「ワークショップ」について詳しく見ていきましょう。そもそもワークショップとはどのようなものなのでしょうか。「ワークショップ」という用語は、学校教育のみならず、広く生涯学習の分野においても見られるように

なっています。ここでは、関連する論考を踏まえながら、ワークショップという手法がどのようなものなのか考えます。そのうえで、草の根プロジェクトがワークショップという手法でヒトやモノをどのように活用しているのかを詳しく紹介します。

　続く第6章では、ワークショップにおいて草の根プロジェクトが目標としている「異文化間能力」を取り上げます。異文化間能力については、関連した研究が数多く積み重ねられていますが、その定義の一つとして、「自分と文化的に異なると思われる人を理解し尊重し、そのような人と効果的かつ適切に交流し、コミュニケーションをとり、積極的かつ建設的な関係を築くために必要な価値観、態度、技能、知識・理解のセット」（Barrett2018：94・筆者訳）と説明することができます。これは、多様な価値観を持つ人々が、互いを尊重し、共生するために求められる資質・能力といえるでしょう。

　地球規模で共有すべき課題としてSDGs（Sustainable Development Goals・持続可能な開発目標）が、近年広く知られるようになってきました。SDGsでは、誰一人取り残すことなく、人類の諸活動と地球環境を持続させていくため17の目標が掲げられています。各目標にはさらに具体的なターゲット（169項目）と指標（230項目）が示されています（国際連合広報センター2021）。その期限は2030年とされていますが、達成するのは容易ではありません。

　目標達成にはできることから取り組んでいくという方法だけでなく、これまでにはない革新的な手法もまた必要となります。こうした課題に取り組んでいくためには、周囲の人々と新しいアイデアを交換し、互いの力を活かし合いながら協働していく必要があるのではないでしょうか。

　そこで求められるのが、多様な人々と尊重し合いながらコミュニケーションする「異文化間能力」であると草の根プロジェクトは考えています。ここではこうした能力を定義付け、どのように育て、評価できるか示している「REFERENCE FRAMEWORK OF COMPETENCES FOR DEMOCRATIC CULTURE（以下RFCDC・民主主義文化のためのコンピテンスの参照枠）」（Council of Europe2018a）を中心に詳しく見ていきます。そして、草の根プロジェクトの

ワークショップが、RFCDCで示された能力（コンピテンス）とどのようにつながり得るのかワークショップメニューをもとに検討します。

　最後に第7章では、1997年の発足以来の草の根プロジェクトの歩みをひも解きます。多様な人的・物的リソースを持つ組織は、大学や博物館だけでなく数多くありますが、本書で紹介するような活動はほかに見られないのではないでしょうか。草の根プロジェクトが、桜美林大学によるユニークな地域貢献の取り組みとしてどのように発展してきたのか紹介します。

本書の活用法

　「ヒト」と「モノ」が教育リソースとして最大の効果を発揮するのは、人々が一つの場所に集い、直接触れ合うことが可能な学びの場です。しかし、残念ながら本書を執筆している2021年の段階においても、いつ、また対面型の実践ができるのか先行きは不透明です。新型コロナウィルス感染症の感染拡大が続いている今、以前は当たり前であった近距離でのコミュニケーションを避けることが求められています。

　草の根プロジェクトの経験上、ヒト・モノの特徴を最大限に活かすためには、ソーシャル・ディスタンスとは正反対の行動が必要です。そのため、2021年度も、新型コロナウィルス感染症の拡大以前に行っていたアウトリーチ教育プログラムの実施は控えざるを得ない状況にあります。

　しかし、過去に世界規模で蔓延した感染症が終息してきたように、この新型コロナウィルス感染症もいつか必ず終息することでしょう。そのときには、接触を伴うコミュニケーションや体験活動など、身体的な距離の近い社会的な活動が渇望されるのではないでしょうか。

　学びの現場においても、豊かな体験を通じた学びが今まで以上に求められることでしょう。多様な体験によってこそ学べることがたくさんあると、その意義が広く再確認されるのではないでしょうか。そのとき、ホンモノの教育リソースは大きな効果を発揮するでしょう。

　本書では、そうしたホンモノの力を読者のみなさんにそれぞれの現場で活かし

ていただくことを目指すものです。読者のみなさんのなかには、さまざまな立場で教育に携わっている方やお子さんをお持ちの方も多いのでないでしょうか。**図序-2**は、草の根プロジェクトと社会とのつながりを表したものです。多様な読者の多様な現場・学習者に応じて本書が貢献できることを願っています。

〔1〕依頼する
アウトリーチ教育プログラムをやってほしいという方へ

　草の根プロジェクトのアウトリーチ教育プログラムは、学内外を問わず、多様な教育現場のみなさんからの依頼に基づいて実施しています。対面型のプログラムは、直接訪問できる地理的範囲に限られてしまいますが、オンラインワークショッププログラムは、環境が整えば地理的な制限なく、依頼を受けることができます。

　本書は、こうしたアウトリーチ教育プログラムを依頼される際の最高のガイドブックとなるでしょう。ヒトやモノを活用したワークショップの特徴や具体的な内容などを把握することで、ご自身の携わる教育現場においてどのように活用できるのか考えるヒントをつかんでいただければと思います。第2・3章では、8つのワークショップメニューを紹介しますが、これはあくまで基本的なモデルです。クライアントとなるみなさんの依頼内容や条件に応じてメニューをアレンジします。場合によっては、クライアントとの相談から、新たなメニューを開発・実践することもあります。本書をきっかけに、多くの方とつながり、連携と実践の輪が広がることを期待しています。

〔2〕参考にする
人的・物的リソースを活かした教育活動を実践したいという方へ

　草の根プロジェクトによる教育支援活動は、ヒト・モノの教育リソースがあってこそといえます。しかし、ヒト・モノは草の根プロジェクトにしか集められないものではありません。みなさんの身近なところにも、みなさんだからこそ見

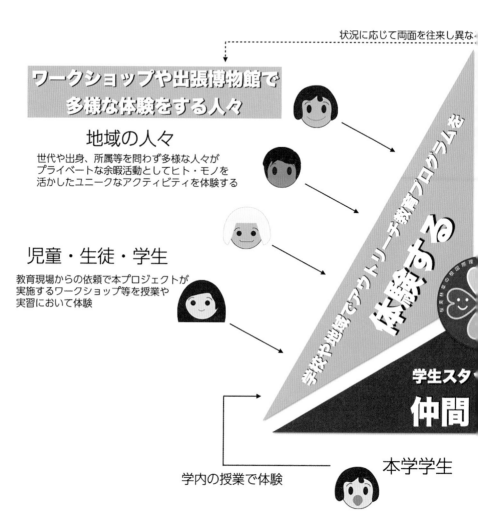

状況に応じて両面を往来し異な

ワークショップや出張博物館で
多様な体験をする人々

地域の人々

世代や出身、所属等を問わず多様な人々が
プライベートな余暇活動としてヒト・モノを
活かしたユニークなアクティビティを体験する

児童・生徒・学生

教育現場からの依頼で本プロジェクトが
実施するワークショップ等を授業や
実習において体験

学校や地域でアウトリーチ教育プログラムを

体験する

学生スタ

仲間

学内の授業で体験

本学生

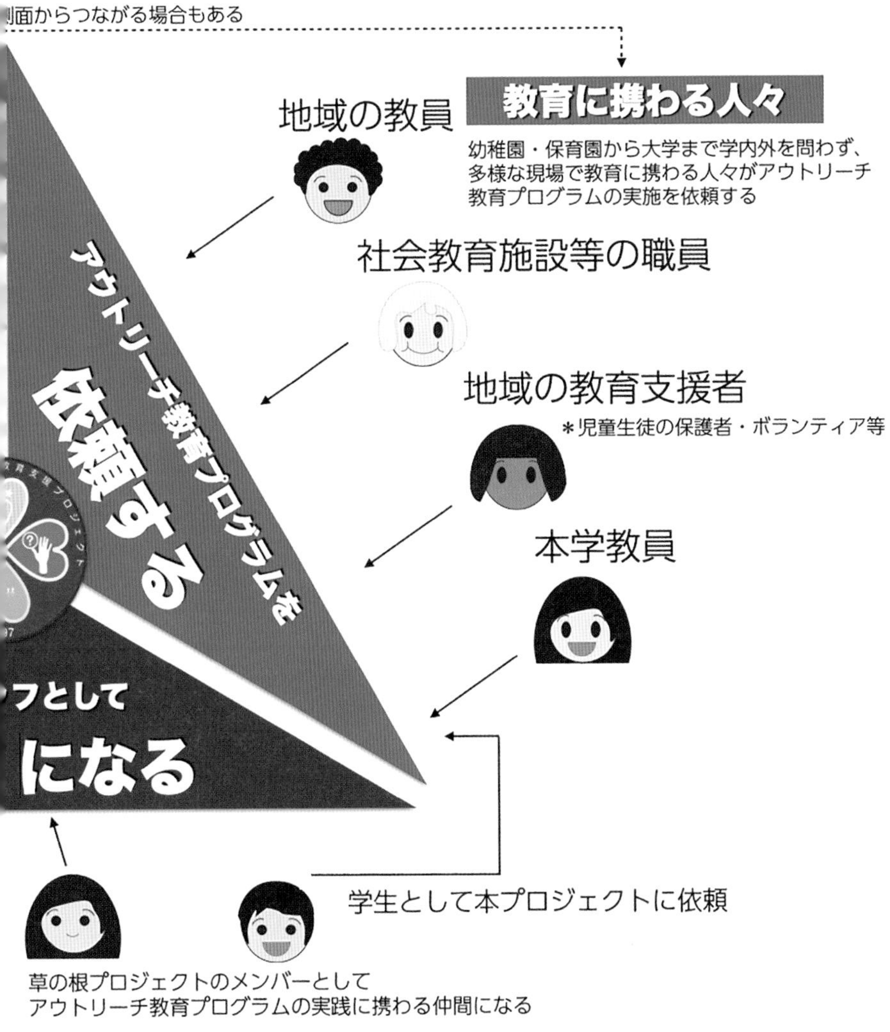

側面からつながる場合もある

地域の教員

教育に携わる人々
幼稚園・保育園から大学まで学内外を問わず、多様な現場で教育に携わる人々がアウトリーチ教育プログラムの実施を依頼する

社会教育施設等の職員

地域の教育支援者
＊児童生徒の保護者・ボランティア等

本学教員

アウトリーチ教育プログラムを

依頼する

フとして

になる

学生として本プロジェクトに依頼

草の根プロジェクトのメンバーとして
アウトリーチ教育プログラムの実践に携わる仲間になる

【図序-2】 草の根プロジェクトと学内外を含めた社会とのつながり方をまとめた図
アウトリーチ教育プログラムの実施を「依頼する」、地域で開かれるアウトリーチ教育プログラムのワークショップや世界の遊びと衣装の出張博物館プログラムを「体験」する、という2つの形は学内外問わず開かれています。学生スタッフは、草の根プロジェクトの「仲間」として地域貢献に携わってくれています。

【図序-3】 アウトリーチ教育プログラムの事前研修として、韓国のすごろく「ユンノリ」を体験する学生スタッフ。

出すことができるヒト・モノがあるはずです。とくに、第4章では、草の根プロジェクトの実践から、読者のみなさんそれぞれが、みなさん自身の「ヒト」「モノ」を教育活動で活かすための「チエ・ワザ」を抽出して紹介します。人材や物的資料を活かすための新たな視点や手法として、みなさんの実践の幅を広げるヒントとなれば幸いです。

〔3〕体験する
アウトリーチ教育プログラムに参加したいという方へ

　草の根プロジェクトは、学校の授業としてだけではなく、参加者を公募する公開型のワークショップや、どなたでも体験できる「世界の遊びと衣装の出張博物館プログラム」を実施しています。これらは、草の根プロジェクトならではの豊かな体験を通じて学ぶ場を地域で開くものです。第2・3章のワークショップメニューでは、ユニークな教育資源として「ヒト」「モノ」と草の根プロジェクトのワークショップで関わることの楽しさをお伝えしたいと考えています。

　草の根プロジェクトが開くワクワクする体験に満ちた学びの場に参加する際の「ガイドブック」として本書を活用し、ぜひ遊びにお越しください。また、第5章以降では、草の根プロジェクトのワークショップにおけるねらいやその背景を紹介します。体験の背景にある考えやねらいまでくみ取って参加した場から、ご自身が得た経験や気づきをさらに深めるお手伝いができたら嬉しく思います。

〔4〕仲間になる
桜美林大学で学んでいる／学びたいみなさんへ

　ここまで紹介したワークショップの実践には、桜美林大学の学生も参画しています（図序-3）。それは、第1章で詳しく紹介するように、草の根プロジェクトは、学年や出身、所属、専攻に関わらず本学で学ぶ多様な学生を「ヒト」の教育リソースと位置付け、コミュニティを組織しているからです。

　これは、正課のカリキュラム外で自主的に集まった学生によって構成するコ

ミュニティで、草の根プロジェクトのエデュケーターを中心としたチームでワークショップをはじめとする地域貢献活動に取り組んでいます。このコミュニティは、一人ひとりがそれぞれの力を活かして地域に貢献するだけでなく、その活動を通して多様なメンバーとの協働や地域におけるさまざまな出会いを通して、変容し成長していく、学生にとっての学びの場にもなっています。

　桜美林大学のモットーは「学而事人」です。これは、学んだことを人々や社会のために役立てるという意味があります。草の根プロジェクトの多種多様なワークショップなどを通して地域に貢献することは、学生としてそれまでに培ったさまざまな力を活かし、学而事人を実践することでもあります。

　本書を通じ、草の根プロジェクトが展開する教育活動で何が行われ、何が目指されているか、ということをお伝えすることによって、このような学生としての社会参加の形も紹介したいと考えています。ヒト・モノを活用した活気に満ちた学びの場づくりの魅力を、桜美林大学で学ぶみなさん、そして未来の学生となるみなさんにお伝えし、本書によって一人でも多くの仲間とつながることを願っています。

第1章

ホンモノを活かす教育支援の仕組み

ヒト、モノ、チエ・ワザとアウトリーチ教育プログラム

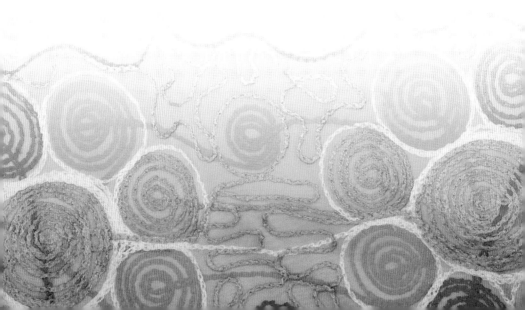

桜美林草の根国際理解教育支援プロジェクトの
ロゴマークと３つのリソース

　草の根プロジェクトは、桜美林大学の地域貢献事業の一環として1997年から活動を展開してきました。ここからは草の根プロジェクトが保有する３つの教育リソースと、それらを活用した具体的な教育活動であるアウトリーチ教育プログラムの特徴を紹介します。**図1-1**のように、草の根プロジェクトのロゴマークには、３つの教育リソースであるヒト、モノ、チエ・ワザがデザインしてあります。

　はじめに、草の根プロジェクトが保有するリソースの特徴としてお伝えしたい点が２つあります。まず一つは、地域における教育支援活動での活用を前提に（学内でも活用します）、世界各国の人間の暮らしに関わる実物資料（モノ）を収集・保有しています。そして、もう一つは草の根プロジェクトを通して、地域の教育支援に携わりたいという意識を持つ多様な学生（ヒト）を組織しているという点です。草の根プロジェクトはこのようなモノとヒトを教育リソースとして整備し、地域における教育支援活動に取り組んでいます。

 ## モノの教育リソースの特徴

　それでは、まず、モノについてみてみましょう。博物館を学内に設ける大学は一部で見られます。それらの大学博物館では、各大学の歴史・アイデンティティだけでなく、学内の研究活動やその成果を博物館という形で公開しています。それは、誰にでもアクセス可能な空間で公開し、社会に貢献しようという取り組みです。そうした博物館が持つコレクションの多くは、研究活動において収集された資料などがベースとなっています。積み重ねた研究資料を倉庫に保管したままにするのではなく、博物館という社会教育の機能を持つ施設とすることで社会とつながり、広く活かされることになります。

　一方、草の根プロジェクトは、このような形とは異なり、大学の理念に通じる教育支援の実践を目的として、実物資料の収集に取り組み始めました。実物資料の分野は、衣・食・住といった人々の日常生活の基本に関わるものから、楽器

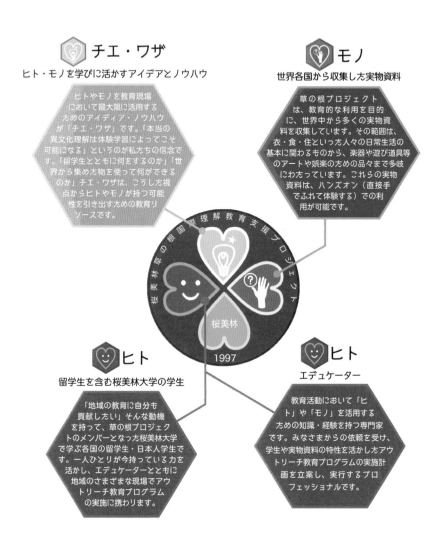

チエ・ワザ
ヒト・モノを学びに活かすアイデアとノウハウ

ヒトやモノを教育現場において最大限に活用するためのアイディア・ノウハウが「チエ・ワザ」です。「本当の異文化理解は体験学習によってこそ可能になる」というのが私たちの信念です。「留学生とともに何をするのか」「世界から集めた物を使って何ができるのか」チエ・ワザは、こうした視点からヒトやモノが持つ可能性を引き出すための教育リソースです。

モノ
世界各国から収集した実物資料

草の根プロジェクトは、教育的な利用を目的に、世界中から多くの実物資料を収集しています。その範囲は、衣・食・住といった人々の日常生活の基本に関わるものから、楽器や遊び道具等のアートや娯楽のための品々まで多岐にわたっています。これらの実物資料は、ハンズオン（直接手でふれて体験する）での利用が可能です。

ヒト
留学生を含む桜美林大学の学生

「地域の教育に自分も貢献したい」そんな動機を持って、草の根プロジェクトのメンバーとなった桜美林大学で学ぶ各国の留学生・日本人学生です。一人ひとりが今持っている力を活かし、エデュケーターとともに地域のさまざまな現場でアウトリーチ教育プログラムの実施に携わります。

ヒト
エデュケーター

教育活動において「ヒト」や「モノ」を活用するための知識・経験を持つ専門家です。みなさまからの依頼を受け、学生や実物資料の特性を活かしたアウトリーチ教育プログラムの実施計画を立案し、実行するプロフェッショナルです。

【図1-1】草の根プロジェクトのロゴマークと3つの教育リソースの解説図

や遊び道具などのアートや娯楽のための品々まで多岐にわたります。そして、草の根プロジェクトは、教育活動において「モノ」を視覚的な資料としてではなく、体験的な教育リソースとして位置付けてきました。それは当初から教育現場における「ホンモノ」を活かした体験は、国際理解、異文化理解に有効であると考えてきたからです。

本当の異文化理解は体験学習によってこそ可能になる

高橋2008

　これが草の根プロジェクトの信念であり、そのため実物資料は、ハンズ・オン（直接手で触れて体験する方法）で利用することが可能です。直接手に取り、感触や重さを確かめるだけでなく、使ってみることができるのです。

　たとえば、遊び道具は最も使いやすいモノといえるでしょう。子どもから大人まで幅広い世代が気軽に手に取り、なおかつ短時間で体験に集中することができます。これらは、触れるだけでなく、実際に遊ぶことができます。コマの場合は、その過程で手を動かしコマのひもを丁寧に巻きつけ、より長く回すために勢いよくひもを引っ張るなどの動作を実際に行います。世界各国の多種多様な回し方のコマを手のひらの感覚だけでなく、動作全体をさまざまな感覚を通して実感することができるのです（図1-2）。さらに、回して遊ぶだけでなく、体験可能な実物資料としての特徴を活かし、学習者間の協働を促すさまざまなアクティビティを開発し、実践してきました。

　アクティビティの事例の一つとして、後述する「ワークショップメニュー②」（p.62）に組み込んでいる「コマの回し方クイズ」を紹介しましょう。これは、草の根プロジェクトが保有する多種多様なコマを活用します。4〜5名の学習者グループ（小学生から大人まで楽しめます）に対してコマを手渡し、観察して考えついたアイデアの試行を繰り返すことでコマの回し方を見出し、実際に回してみようというものです。

　日本で育ち、暮らす人であれば、多くの人が家庭や学校生活のなかでコマと出会い、親しむ機会があるのではないでしょうか。しかし、見慣れないコマに出会

【図1-2】草の根プロジェクトが保有する世界のコマコレクションの一部
上部中央から時計回りに、日本、タイ、インドネシア、日本、日本（内側）、メキシコ、モロッコ、インドネシア、日本、インドネシア、日本。

うとどうでしょうか。「コマらしきものである。つまり回して遊ぶものだ」ということが理解できたとしても、「どうすれば回すことができるのか」はわかりません。

　このアクティビティで学習者は、考えついた回し方を口頭で説明するだけではなく、実際にやってみることで自分の考えを表現します（**図1-3**）。このようなプロセスで、学習者は代わるがわるコマを手に取り、協働的に試行錯誤することが求められます。コマの回し方について知ろうとするならば、インターネットを使えば、テキストや画像だけでなく、動画を用いた解説などの情報も今日では手に入れられるでしょう。しかし、そのようなネット上に見られる情報も自らの実体験にはかないません。このような実物資料の特徴に応じたアクティビティにより、学習者自身が把握しているモノを通じて異文化とつながり、多様性を実感します。同時に、他者と協働的に問題解決に取り組む実践的なエクササイズとすることもねらいとしています。

【図1-3】 **コマの回し方クイズ**
コマの回し方を考え試行錯誤する子どもたち。実物資料を実際に手に取って観察し、どうすれば回すことができるか考えたことを試しながら回し方を探っています。

ヒトの教育リソースの特徴

　次に、「ヒトの」リソースの特徴について紹介しましょう。「ヒト」とは、草の根プロジェクトが有する２つの人的リソースを指します。一つは留学生を含めた本学学生スタッフです。「地域の教育に自分も貢献したい」――そんな動機を持って、多様な学生が草の根プロジェクトのメンバーとなり、まさに「生きる教育リソース」としてアウトリーチ教育プログラムの実践に携わっています。専攻や学年、出身などが異なるメンバーが、それぞれが持っている力や個性を活かし、後述するエデュケーターとともに地域のさまざまな現場の教育支援に貢献しています（**図1-4**）。

　これまで140名の学生が参加し、後述するワークショップや世界の遊びと衣装の出張博物館プログラムの実践にのべ1050名が携わっています（2013～2020年度）。

【図1-4】草の根プロジェクトの学生スタッフ
所属する学群・専攻・学年・出身にかかわらず、多様なメンバーが集まっています。草の根プロジェクトのアウトリーチ教育プログラムの実践に携わることで、地域貢献活動に参画し、そこで得られるさまざまな経験を通じて成長します。

　　学生スタッフの教育リソースとしての特徴は、一人ひとりがそれまでに培った人格、個性を活かして教育活動に参画する、代替不可能な主体であるということです。ほかの誰かではなく、彼らがそこに参加したからこそ可能な学びの機会をつくることに、本物の「人」が教育リソースとして貢献する意義があるのではないでしょうか。

　　たとえば、留学生による「国際学生訪問ワークショッププログラム」では、彼ら自身が故郷で身に付けてきた文化や、彼ら自身の歩みである「ライフヒストリー」を学びのリソースとして捉えています。その人自身の生活体験に根ざしたテーマであれば、誰もが自分事として語れるうえ、「私だからこそできる」ことになります。

　　しかし、留学生に限らず、外国につながる人材が教育現場でしばしば求められるのが、母国を紹介するプレゼンテーションです。その国に関する一般的、象徴

【図1-5】 工作に取り組む子どもたちと留学生
「留学生と遊び道具をつくろう」（p.143）というアクティビティでは、一緒に楽しんだ遊び道具を、留学生がガイド役となり学習者が完成させます。作品をつくり上げるという目標を共有し、グループの全員が協働します。

的な事柄を取り上げることにとどまります。そうしたとき、その人がそこにいる意味が減じてしまうことになりはしないでしょうか。そもそも、留学生にとって自分自身の国について、母語ではない言語で、一国の情報を正しく子どもの発達段階に応じた伝え方でわかりやすく授業をするなど大変困難なことです。

　こうした疑問や課題から、草の根プロジェクトでは、ヒトのリソースを双方向のコミュニケーションができる、学習者と一緒に何か取り組むことができる異文化からやってきた学びのパートナーとして捉えています（**図1-5**）。「○国から来た人」ではなく、○国から来た「△さん」と一人ひとりの人格を捉えることで、このような教育活動が可能になります。そして、こうしたいきいきとした相互作用こそが、学習者の変容を促す強いインパクトをもたらします。

　また、モノを活用するワークショップなどにおいても学生スタッフは、アクティビティにおける学習者の体験や思考、コミュニケーションを活性化するファ

シリテーターとして活動します。たとえば中野（2003：iv）は、ファシリテーターの役割について以下のように説明しています。

「先生」ではないし、上に立って命令する「指導者」でもない。その代わりにファシリテーターは支援し、促進する。場をつくり、つなぎ、取り持つ。そそのかし、引き出し、待つ。ともに在り、問いかけ、まとめる。

中野 2003：iv

これは、草の根プロジェクトのワークショップにおけるファシリテーターにもあてはまるものです。ワークショップでは、学習者がグループで協働してさまざまなアクティビティに挑戦します。アクティビティでは、実物を体験的に活用する課題に対して、各自の思考や発見をグループ内で共有し、対話や試行錯誤をすることで解決に取り組みます。このプロセスにおける相互作用が一人ひとりに多くの気づき、変容をもたらします。ファシリテーターは、グループに加わったり、ときにはそばで見守ったり、状況やグループの雰囲気を見ながら、相互作用を促す働きを行うのです。

このように、学生スタッフは、一人ひとりがそれぞれ培ってきた人間力を活かして学習者と関わり、さまざまな方法で支え、同時に自身もそのような社会貢献を通じて成長していく存在なのです。

 ## チエ・ワザとアウトリーチ教育プログラム

草の根プロジェクトは、ここまで紹介してきたようなモノやヒトの特徴を活かした教育支援活動を、学内外を問わず、多様な教育現場からの依頼に応じて実施してきました。このように、寄せられる依頼に応じて教育活動を実施する仕組みを、草の根プロジェクトは「アウトリーチ教育プログラム」と名付けています。

アウトリーチ（outreach）とは、外側に手を差し伸ばすという意味です。桜美林大学のなかにある草の根プロジェクトが大学の外、地域からの依頼に応じて実施する支援の取り組み、ということでこの名称を使っています。2020年度の時点で、アウトリーチ教育プログラムの実施件数は、1463件となりました。こ

【図1-6】 ワークショップを進行するエデュケーター

エデュケーターは、アウトリーチ教育プログラムの実施計画を作成し、学生スタッフの指導を
含めた企画・準備から実施までを担っています。ワークショップの新たなプログラムや手法の
開発、ファシリテーション改善・向上などのための研究にも励んでいます。

の数多くの実践を通じて積み重ねてきたのが「チエ・ワザ」です。

「チエ・ワザ」とは、ヒトやモノを教育現場において有効に活用するためのアイ
デア・ノウハウです。学生や実物資料は、他大学も保有し得るものです。教育に
貢献する人的・物的リソースを保有する組織としてみれば、決して珍しいもので
はありません。しかし、草の根プロジェクトは、こうしたリソースを直接的に教
育現場に持ち込み、その特徴を活かした教育活動を提供することによって、地域
貢献に取り組んできました。そのなかで大切にしてきた2つの視点があります。

「学習者が留学生と出会い、何ができるか」
「世界中から集めた実物でどんな体験をつくりだすことができるのか」

こうした視点から、「チエ・ワザ」は、ヒトやモノが持つ可能性を教育活動に

おいて引き出すための知的リソースであり、草の根プロジェクトを特徴づけるオリジナリティといえるでしょう。

　そして、この「チエ・ワザ」を担っているのが、もう一つのヒトのリソースでもある「エデュケーター」です。エデュケーターは、博物館や美術館など文化施設における教育普及活動の専門家の名称として国内でも見られるようになってきました。草の根プロジェクトのエデュケーターは、協働を重視した体験による学びづくりの専門家として、学習や発達の理論に基づき、多様な学習者の学びを実現するチエ・ワザの源泉です。学内外の多様な現場からの依頼を受け、クライアントと対話しながら具体的に教育支援活動の実施計画を立案し、実行します（**図1-6**）。

6つのアウトリーチ教育プログラム

　ここまで紹介した3つの教育リソース（ヒト、モノ、チエ・ワザ）を活かした教育支援活動の枠組みがアウトリーチ教育プログラムです。アウトリーチ教育プログラムは草の根プロジェクトならではの教育支援を組織的、空間的な壁を超え、多様な教育現場の要望や実情に応じて届けるための具体的な手立てです。3つの教育リソースの特徴を活かして組み合わせ、現在6種類のアウトリーチ教育プログラムを編成しています。各プログラムがどのようなものか紹介しましょう。

1．国際学生訪問ワークショッププログラム

　このプログラムは、草の根プロジェクトの留学生がエデュケーターとともに地域の教育現場を訪問し、ワークショップを実施します。このプログラムでは、留学生一人ひとりの多様な背景に着目し、文化の多様性を知ること、さらに、そうした多様な背景を持つ人々とともに生きるための手段として「聴く」、そして「協働する」ことを体験的に学ぶことをねらいとします。時折寄せられる、伝統芸能を披露したり、伝統文化や外国語を教えるためのレクチャーなどには対応しません。

　このプログラムのワークショップでは、「母国でどのような生活を送ってきた

のか」「なぜ日本に留学しようと考えたのか」、そして「今、何を考え、どんな日々を送っているのか」といった留学生一人ひとりの個性や、彼らの文化的背景を主題とします。学習者の年齢や発達段階に合わせた内容や方法で、異文化とともに生きることについて学ぶ場を提供するため、そうした留学生一人ひとりのあり方や日本との関係を、参加型のクイズやゲーム形式の楽しいアクティビティなどによって紹介します。第3章で具体的なワークショップの内容を紹介します。

2. 世界の実物体験ワークショッププログラム

このプログラムでは、草の根プロジェクトが世界各国から収集した実物資料を活用します。実物資料を素材にしたグループで取り組むゲーム形式のアクティビティによってワークショップを構成します。どのような実物資料を使い、どんなアクティビティを行うかは、クライアントからの依頼や環境、学習者の発達段階、人数に応じて検討します。このプログラムで行うアクティビティでは、実物資料の特徴に応じた問いかけで学習者の好奇心を刺激し、グループで協働的に取り組むことをテーマとした課題を学習者に提示します。複数のアクティビティによって構成したワークショップを通じ、多様性への気づきを促すこと、異文化に対する興味・関心を育てること、対話の意義などを学ぶ機会とすることをねらいとしています。第2章で具体的なワークショップの内容を紹介します。

3. 異文化協働体験ワークショッププログラム

このプログラムは、国際学生訪問ワークショッププログラムと世界の実物体験ワークショッププログラムの要素を組み合わせたものです。留学生と実物資料を同時に教育リソースとして活用します。そのねらいは、国際学生訪問授業プログラム以上に、「聴く」ことと「協働する」へチャレンジすることです。このプログラムでは、留学生と参加者のより親密なコミュニケーションを促すため、参加者と留学生の混成グループで活動することが基本となります（図1-7）。

参加者と留学生は、年齢、母語や文化的な背景などが異なります。そのような違いを越えて、さまざまなアクティビティにそれぞれが持っている力を出し合い、取り組みます。そのなかで参加者はリアルな異文化コミュニケーションを体験し

【図1-7】「留学生と一緒にチャレンジして学ぶ『聴く』と『協働』」（p.136）
コマの回し方を紹介し、回すための準備作業のサポートをする留学生。一人ひとりが学習者と関わり、ともに何かを成し遂げようと取り組むことによって、心のつながりが生まれます。

ます。

　さらに、実物資料を素材に一人ひとりが発見したことや考えたことをグループで共有したり、課題の解決策を求めて試行錯誤することが求められます。こうした体験は、多様な人々と関係性を築き、主体的に関わり合うことのおもしろさや難しさなどさまざまな側面を実感することができるでしょう。第3章で具体的なワークショップの内容を紹介します。

4.　世界の遊びと衣装の出張博物館プログラム

　学校や社会教育施設などで行われるさまざまな行事において、世界の遊び道具や民族衣装を体験できる出張博物館を草の根プロジェクトが開きます。展示するのは、コマやけんだまのほか、すごろくやマンカラなどのボードゲーム、さらに世界各国の民族服や帽子などです。これらの実物資料を開催中は誰でも体験することができます。未就学児から親子3世代の家族連れ、友達同士で楽しむ小中学

【図1-8】世界の遊びと衣装の出張博物館の会場風景
老若男女問わず、誰でも草の根プロジェクトが展示する世界の遊び道具や民族衣装を体験することができます。

生など、世代はもちろん、出身や言語なども、多様な地域のみなさんが思い思いに楽しんでくれています（**図1-8**）。

　会場には実物資料を展示するだけでなく、エデュケーターと複数の学生スタッフがファシリテーターとして常駐します。いろいろな遊び道具を展示していても、モノがただそこにあるだけでは、なかなか体験は始まりません。一般的な博物館の展示においては、とくに明記されていない限り基本的に展示物に触ることは禁じられています。そうした経験が出張博物館での行動を慎重なものにするのかもしれません。さらに、多くの方にとっては見慣れない物ばかりあるため、どうやって楽しめばいいのかわかりにくいということもあるでしょう。

　そこで重要な役割を果たすのがファシリテーターです。出張博物館におけるファシリテーターは、来場者に積極的に働きかけ、対話しながら体験を促したり、必要に応じた手助けをすることで体験が広がるよう支援します。興味津々の様子でも、手に取って良いのか迷っているような人には、こちらから物を手渡し、

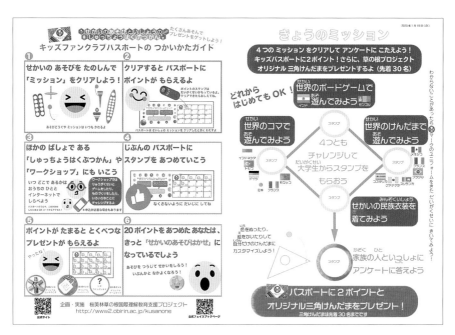

【図1-9】「キッズファンクラブパスポート」の説明と「ミッションシート」の例
ミッションシートは、会場内で配布します。「ミッション」によって、幅広い体験を促します。

「このコマはどうやって回すと思います？」と問いかけます。すると、その人の表情は、戸惑いつつも、好奇心に満ちたものに変わっていきます。また、小さな子どもたちが体験する際には、対話しながら、その子に応じた必要な手助けを行います。また、会場では「草の根プロジェクトキッズファンクラブパスポート」と「ミッションシート」を配布します（**図1-9**）。「ミッションシート」に当日展示している実物資料を題材にした課題が書いてあり、それをクリアすることでパスポートにスタンプを集めることができます（例：「世界のけんだまのうち、2つ以上成功させよう」「大学生と世界のボードゲームで遊ぼう」など）。スタンプを一定数集めるとオリジナルグッズを贈呈します。

　こうした仕掛けにより、多くの来場者の興味・関心を刺激し、体験を通じて学びを得る場とする工夫を凝らしています。出張博物館は、地域の多様なクライアントからの依頼で実施しています。本書では、このプログラムを詳しく取り上げ

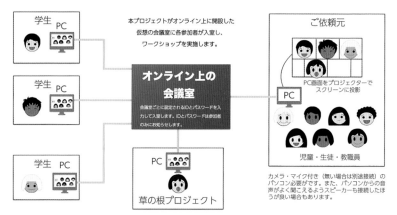

 草の根プロジェクトによるオンラインを活用したワークショップの概要図

【図1-10】 草の根オンラインワークショッププログラムの実施概要図

草の根プロジェクトがオンライン上で開いた空間に、学習者や学生スタッフがアクセスすることでワークショップを実施します。

ませんが、出張博物館は、世代を問わず身近な場所で異文化に親しみ、世界を広げる学びの場として人気を博しています。

5. 異文化発見キット貸出プログラム

　利用者自身の手で草の根プロジェクトへの搬送を行うことを原則に、必要な実物資料を自由に選択して貸し出します。貸出時には、ねらいや利用方法に関する相談をエデュケーターが受け、丁寧にアドバイスを行います。貸出期間は最大2週間で、搬送時には、草の根プロジェクトが用意するスーツケースや丈夫なプラスチック製の箱などを利用することができます。これまで、幼稚園から大学まであらゆる学校教育現場で利用されてきました。学習者の年齢と関心に応じて、また実践者の創造力と想像力に基づき、国際理解／異文化理解教育の可能性を最大限に拡げられるでしょう。

6. 草の根オンラインワークショッププログラム

　新型コロナウィルスの感染拡大を受け、2020年2月下旬から8月に至るまで、ここまで紹介した5つのアウトリーチ教育プログラムを休止してきました。こうした状況において、「本プロジェクトができることは何か」と検討し、2020年9月より開始したのがこのプログラムです。これは、オンライン会議サービスを活用し、クライアントの現場と草の根プロジェクトをつないで実施するものです（図1-10）。このプログラムの長所としては、場所を選ばないということです。留学生は学生が母国の自宅から参加することもできます。また、直接訪問する対面型と異なり、草の根プロジェクトと離れた場所にあるクライアントからの依頼に対応することもできます。

アウトリーチ教育プログラム実施までのプロセス

　草の根プロジェクトでは、ウェブサイトや年に1〜2回発行するニュースレターなどで情報発信を行っています。アウトリーチ教育プログラムは、こうした独自のメディアやクチコミなどを通して認知された地域のさまざまな現場の方々がクライアントとなります。これまで幼稚園・保育園から小中高校、大学に至るいわゆる学校、社会教育や多文化共生に関わるさまざまな現場の方々からの依頼を受け、アウトリーチ教育プログラムを実施してきました（図1-11）。

　それでは、アウトリーチ教育プログラムをどのように行っているのか、その実施に至るプロセスを簡単に紹介しましょう。

クライアントからの聴き取り・相談

　依頼を受けると、筆者らがクライアントと対話し、どのようなことを希望しているのか、誰が対象となるのか、さらに日時や所在地、会場の環境などについて詳しく話を伺います。そこでどのような教育支援ができるのか、アウトリーチ教育プログラムの内容や後述するワークショップメニューをもとに、要望や環境・条件を合わせて検討しながら相談します。

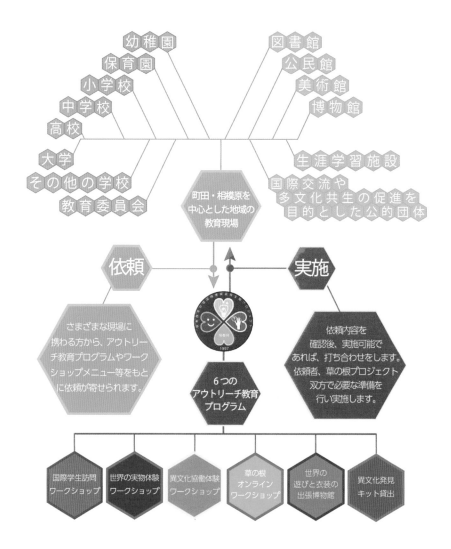

【図1-11】草の根プロジェクトと学内外の教育現場のつながり

アウトリーチ教育プログラムは、学内外の現場からの依頼に応じて、実施しています。依頼を受けた後、クライアントの担当の方と相談をしながら具体的な計画を作成し実施します。

もちろん、当初希望されていた内容がさまざまな要因でかなわない場合も少なくありません。そうした場合でも対話を深めることで、クライアントの求めにヒト、モノの強みを活かして対応する形をその都度つくり、提案することで支援に取り組んできました。このような新たなニーズや条件と草の根プロジェクトのチエ・ワザが結びつくことが、新たな教育支援の手法の開発を促進してきました。

事前準備

　クライアントと草の根プロジェクトとの間で話し合い、教育支援の内容について合意形成ができた後、実施までに必要な準備をそれぞれが行います。

　ワークショップや出張博物館でクライアントにお願いするのは、会場となる空間や機材などの確保と事前の準備です。また、ワークショップの場合は、学習者へ事前に情報共有する際に、詳細な内容について（異文化につながる人材としてどんな人が訪問するのか、どんなモノを使うのか）明かさないようお伝えします。草の根プロジェクトでは、依頼に合わせた活動計画をさらに詳細に検討し、参加するメンバー（エデュケーター、学生スタッフ）で事前にミーティングや練習を行います。

実施当日

　クライアントの現場を訪問する場合には、活動開始の1時間前には会場に入ります。会場の準備として機材のセッティングや実物資料を使用する場合は、計画に応じてレイアウトします。さらに、ワークショップの場合は最後のリハーサルを行い本番に臨みます。

全部見せます！ チエ・ワザで活かすヒトとモノ

　ここまで、草の根プロジェクトが保有する3つの教育リソースと、それらを活用した教育支援の枠組みとして、アウトリーチ教育プログラムを紹介しました。いずれも、本物として草の根プロジェクトのヒトやモノを教育現場に持ち込むことで何ができるのか考え、試行錯誤しながら生み出してきたものです。つまり、

アウトリーチ教育プログラムという枠組みや、各プログラムにおいて実践してきた多種多様な手法自体がチエ・ワザであるということができるでしょう。

このチエ・ワザこそが、草の根プロジェクトのほかの教育機関にはみられない強み、ユニークさであり、だからこそアウトリーチ教育プログラムを通じて地域の教育に豊かな体験を提供することで貢献できるものと考えています。このチエ・ワザの核心を占めるのが、アウトリーチ教育プログラムにおいて、どのように、ヒト、モノを活用するのかというアイデアやノウハウです。そのなかでも、大きな部分を占めるのがワークショップに関するチエ・ワザです。

「ワークショップ」の名が付く３つのプログラムでは、ヒトやモノの特徴を活かす多種多様なアクティビティを開発し、それらを組み合わせてワークショップを構成しています。第２・３章では、ヒトやモノの特徴を最大限に活かすべく試行錯誤しながら開発、実践してきたワークショップの具体的なモデルである、「ワークショップメニュー」を紹介します。本物を体験すること、関わることの可能性を認識していただけることを期待しています。

第2章

大公開！草の根プロジェクトの
ワークショップメニュー
〈モノ編〉

ここからは、草の根プロジェクトのワークショップメニューを紹介します。第1章で紹介したとおり、草の根プロジェクトは保有する教育リソースを教育支援活動で活用する枠組みとして、6種類のアウトリーチ教育プログラムを仕立てました。このうち3つのプログラムがワークショップを行うものです。ワークショップそのものについて詳しくは第5章で詳しく紹介しますが、ここでは、草の根プロジェクトにとってのワークショップを「学習者が、他者とともにヒトと関わったり、モノをさまざまな方法で体験したりしながら学ぶ場」としましょう。3つのプログラムの違いは、ワークショップのなかでどの教育リソースを活用するのか、という点です。世界の実物体験ワークショッププログラムは「モノ」、国際学生訪問ワークショッププログラムは「ヒト」、異文化協働体験ワークショッププログラムは「モノとヒト」両方同時に活用します。

　この「活用」の仕方が、それぞれのリソースの特徴に応じて異なり、ワークショップを特徴づけるポイントとなります。活用の仕方をわかりやすく抽出できるのが、「アクティビティ」です。草の根プロジェクトは、学習者がヒトやモノと関わる体験活動を「アクティビティ」と呼び、さまざまな学習者に対応したアクティビティを開発、実践してきました。そして、いくつかのアクティビティを組み合わせることでワークショップを構成しています。

　このワークショップを行う3つのアウトリーチ教育プログラムでは、これまでに実践したワークショップをもとに、一定の対象者や人数などの条件に適するアクティビティを組み合わせた「ワークショップメニュー」を公開しています（図2-1）。これは、草の根プロジェクトが行うワークショップの「型」といってもいいでしょう。

　ただ、型とはいってもこの通りにしか実施できないというわけではありません。私たちは依頼を受ける現場の環境やさまざまな条件に応じてアレンジしたり、適切なアクティビティに組み変えたりしながら、クライアントの希望にかなうと考えられるワークショップを提案し実施してきました。ここから紹介する8つのメニューは、草の根プロジェクトによるワークショップの現時点でのベースになるものです。

　各ワークショップメニューについて、まず概要を紹介します。その後、アク

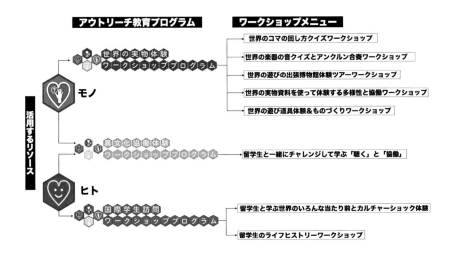

【図2-1】アウトリーチ教育プログラムとワークショップメニューの関係性
プログラムごとに活用するリソースは異なります。そして、実践を重ねるなかでプログラムごとにワークショップの形も幾つかのバリエーションを見出し、現在は上記のようなワークショップメニューがあります。

ティビティを順に見ていきましょう。それらに加えて、フローチャート形式により視覚的にそのワークショップのプログラムを俯瞰します。最後に「このワークショップで期待される効果」では、そのワークショップを経験することで、学習者に対しどのような効果がもたらされ得るのか考察しました。ヒト・モノを活用したいきいきとした学びの場がどのようなものか、みなさんにお伝えすることができれば幸いです。

メニュー①
世界の遊びの出張博物館
体験ツアーワークショップ

Tanoshii
workshop

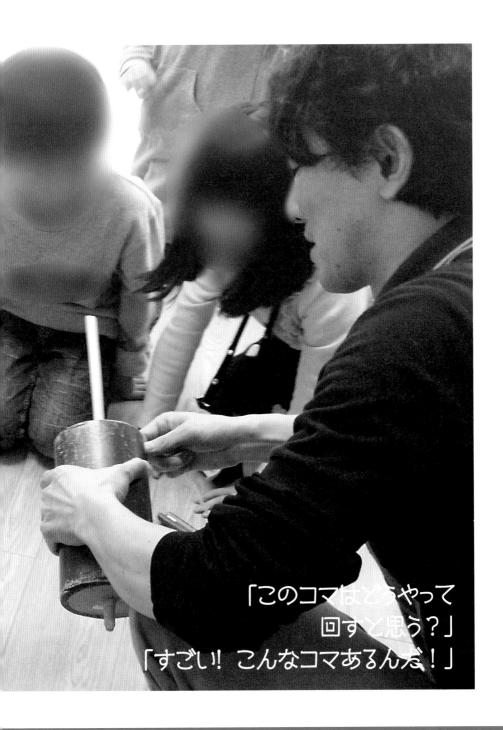

「このコマはどうやって
回すと思う？」
「すごい！ こんなコマあるんだ！」

世界の遊びをみんなで遊んで比べて気づく
文化の多様性

　このワークショップで学習者となる子どもたちは、グループごとに世界のさまざまな遊び道具を草の根プロジェクトのファシリテーターとともに楽しみます。「世界の遊び道具」といっても、このワークショップで登場するのは、コマやけんだま、すごろく（**図2-2**）など、実は日本の学校に通う多くの子どもたちにも見覚えがあったり、遊んだことがあるものの仲間です。自分が知っている遊びと似ているけれど、少し違う。そんな遊び道具を目の前にすると、子どもたちは目を輝かせます。ひょっとすると、こうした素朴な遊びには関心がなかったり、苦手意識を持っていたりする子もいるかもしれません。しかし、遊びを体験するツアーに参加するという仕掛けにしたり、珍しい形をしていながらもすぐに誰でも遊ぶことができる遊びを選ぶことで、参加する子どもたちのほとんどが体験に夢中になれるよう心理的なハードルを下げています。

　ファシリーテーターやグループで一緒に楽しむことで、小さな子どもたちでも異文化に親しみ、世界とのつながりや多様性を感じるきっかけづくりとなるでしょう。

どんなことをするワークショップ？

　このワークショップでは、会場に世界の遊び道具を持ち込み、小さな遊びの博物館と見立てます。学習者はこれらの遊び道具を体験する「ツアー」に参加します。ワークショップを通じて、世界の遊び道具に親しむことで、文化の多様性に触れる機会を提供します。世界各国で多種多様な遊びが親しまれているということを、体験を通じて理解することができるでしょう。

　小学校で1学級を対象とする場合、学習者を10名前後の3つのグループに分けます。展示コーナーをグループの数と同数用意し、エデュケーターや学生スタッフがファシリテーターとしてサポートします。学習者が待たずに全員同時に遊びを体験できるよう、十分な資料を各展示コーナーに用意します。

【図2-2】②アクティビティ【展示体験ツアー】でインドのすごろく「へびとはしご」を楽しむ子どもたちとファシリテーター。

このワークショップのプログラム

①イントロダクション

　ワークショップを実施するエデュケーターと学生、そして草の根プロジェクトについての紹介を行います。そしてこの部屋が今日限りの出張博物館であることを伝え、「これから世界の遊びの展示ツアーを楽しもう！」と呼びかけ、グループに分かれて活動をスタートします。

②アクティビティ【展示体験ツアー】

　学習者は、グループごとにまとまって会場内の展示コーナーを移動し、実物資料を体験することで世界の遊びを楽しみます。すべてのグループが各展示をローテーションで巡ることによって、展示されたすべての遊びを全員が体験します（図2-3）。使用する遊び道具は、ここに紹介したものを中心に対象者の年齢や人数を考慮して調整します。

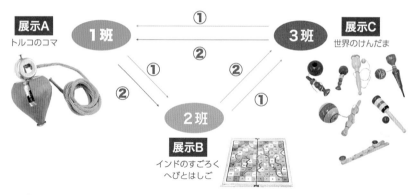

【図2-3】 遊び道具の展示をグループの数と同数用意し、グループ単位で展示を順番に体験します。この図では、1班は展示A→B→C、2班は展示B→C→A、3班は展示C→A→Bの順に回ります。各展示には、エデュケーターや学生スタッフがファシリテーターとして付き、体験をサポートします。学習者が新しい展示に移動すると、ファシリテーターは実物資料を手渡し、問いかけをふんだんに行いながら遊び方の紹介を行います。

③振り返り

　全員で集合し、活動を振り返ります。さまざまな遊び道具を体験して、どんな感想を持ったか、どんなことに気づいたかを問いかけます。最後に、当日体験した遊び道具すべてを紹介するワークシート（図2-4）を配布します。ワークショップ終了後に活用してもらうことで、さらに深い振り返りがなされるように現場を支援するものとなっています。

このワークショップで期待される効果

　このワークショップの魅力は、発達段階に関わらず、遊びを通じて文化の多様性を理解できるということでしょう。小学校低学年のような幼い子どもたちにとっても、身近で素朴な遊び道具であれば、自分自身の知識や原体験を持っている場合が多く、このアクティビティは既知の世界と異文化をつなげるきっかけとなります。すでに知っている遊びとの共通点や相違点を自身の経験と比較することで認識することは、多様性に気づくきっかけとなるでしょう。

　このメニューに限らず、ワークショップを有意義なものにするためには、限ら

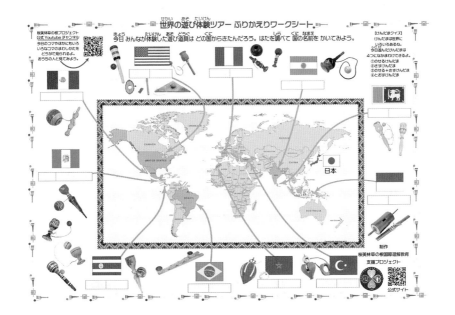

【図2-4】 ワークシートには、このワークショップで使用する遊び道具の写真をすべて掲載しています。さらに、その遊び道具がどの国のものかがわかるよう、地図や国旗を示しています。国名のみ空欄とし、実際に自分が遊んだ遊び道具がどこからやってきたのか、学習者が教えあったり、調べたりして書き込むことができます。体験に基づいた異文化とのつながりを構築し、学習者の世界を広げることをねらいとしています。

れた時間内でも消化不良にならないように、所要時間や難易度などについて慎重に検討する必要があります。

　たとえば、このワークショップチャート（p.59）にあるインドネシアの竹製コマは、準備段階のひもを巻く動作や、コマを棒で押さえながらひもを引っ張る動作など、複雑な作業が比較的多く求められます。これらの作業は、小学校低学年の子どもが自力でするにはやや難しいものです。一方、同じ仕組みで回す大型のコマは、綱引きのように仲間と協力してひもを引っ張って回すことができます（pp.52-53）。

　このように、遊び道具の選択をはじめ、学習者の発達段階、人数や編成するグループの数、ワークショップ全体の所要時間などの条件に応じて検討することが

大切だと考えています。

クローズアップ！　草の根プロジェクト実物資料コレクション１
「アフガニスタンの女性用衣服に設られたビーズ細工」
中心の小さな丸い鏡を２〜３ミリのビーズが囲んでいます。

世界の実物体験
ワークショッププログラム

世界の遊びの出張博物館
体験ツアーワークショップ①

Tanoshii workshop

主な対象　小学校低学年以上

所要時間　45 〜 60 分

このワークショップでは、会場に世界の遊び道具を持ち込み、小さな博物館と見立てます。学習者はこれらの遊び道具を体験する「ツアー」に参加します。ワークショップを通じて、世界の遊びに親しみ、小さな子どもたちにも文化が多様であることに気づく機会を提供します。

❶ イントロダクション

ワークショップを実施するエデュケーターと学生、そして草の根プロジェクトの紹介を行います。活動内容を学習者に伝え、グループに別れてスタートします。グループの数は参加人数や会場の広さ、時間などによって調整します。

＊体験ツアーのすすめかた

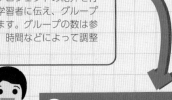

遊び道具①　➡　遊び道具②

遊び道具③

3グループの場合、会場内に3種類の遊び道具を展示します。一定時間体験するごとに移動し、ローテーションで全て体験します。各展示にエデュケーター・学生スタッフがガイド役として付き、体験を支援します。

❷ 遊び道具体験ツアー

Tanoshii workshop

展示する遊び道具を、学習者が実際に遊んで楽しみます。使用する遊び道具は、ここに紹介したものを中心に、対象者の年齢や人数を考慮して決定します。世界各国に多種多様な遊びが親しまれているということを、体験を通じて理解することができるでしょう。

へびとはしご

とてもシンプルなルールで誰でもすぐに楽しめます

世界のけんだま

簡単なものから難しいものまでいろいろな形のけんだまに挑戦できます

インドネシアの竹製コマ

回す準備は少し難しいですが、回し方は簡単でとてもよく回ります

インドネシアの大型コマ

綱引きのようにヒモを引っ張って回すので小さな子どもたちでもOK

トルコのコマ

ヨーヨーを回すようにして回します

❸ 振り返り
Tanoshii workshop

全員集合し、さまざまな遊び道具を体験して気づいたことを問いかけ、活動を振り返ります。最後に、当日体験した遊び道具全てを紹介するワークシートを配布します。

国旗や場所を参考に調べて国の名前を記入できるようにしてあります。

友達の国のおもちゃって楽しい！

元横浜市立並木第一小学校　国際教室担当　横溝 亮
（現横浜市立鶴見小学校）

　本校では、日本を含め、11 カ国につながりのある子どもたちが生活をしています。私は国際教室担当者としてさまざまな国の友達が一緒に生活する良さについて考えてきました。日本の子どもたちにも、外国につながりのある子どもたちにも、友達の国の文化や言葉を知ることは「とても楽しい」ことだということを感じてほしいと考えています。本校の国際教室には、外国のおもちゃや絵本がたくさんあり、休み時間には誰でも遊ぶことができるようにしています。子どもたちは、遊びを通して友達の国の遊びや言葉について知ることができます。また、学校全体で「世界のあいさつ運動」を行い、友達の国の言葉にも触れることに取り組んでいます。

　私が桜美林大学の「草の根プロジェクト」に出会ったのは 2016 年でした。桜美林大学の川田先生から、多文化共生の取り組みとして活用できるプログラムを教えていただいたことがきっかけです。草の根プロジェクトのプログラムは、遊びを通して、子どもたちに外国のことを知ることは「楽しい！」と思わせてくれます。本校は 2017 年から毎年 2 年生を対象に「世界のおもちゃ博物館」を開催してきました。子どもたちは、見たことのない外国のコマの回し方をみんなで考えたり、さまざまな国のけんだまで遊んだりします。プログラムで使用する遊び道具のなかには、友達の国のおもちゃもあり、友達の国にも日本と同じようなおもちゃがあることを知ることもできます。世界のおもちゃ博物館を経験した子どもたちからは「回し方をみんなで考え、コマが回ってとても嬉しかった」や「世界にはいろいろな国のけんだまがあることがわかった」などの感想を聞くことができました。

　3 年生国語「コマを楽しむ」の学習では、草の根プロジェクトからトルコのコマ「トパチ」を借りました。授業では、トパチの回し方を知り、それを友達

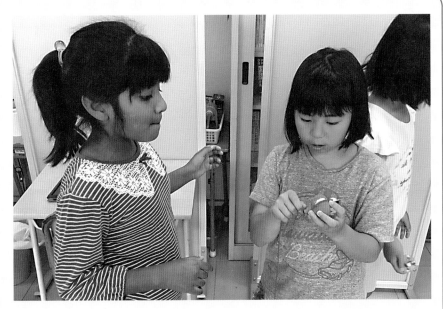

【図2-5】トルコのコマ「トパチ」を楽しむ子どもたち。（コラム筆者提供）

に説明する文章を考えました。遊びを通して日本語の勉強をすることができました。この授業の最後には、学習のまとめとしてトパチの回し方をクラスの友達に発表しました。発表を聞いた日本人の友達は、「トパチを回してみたい！」と休み時間には多くの子どもたちが国際教室にやってきました。国際教室ならではの学習を通して、外国の文化を知ったり、その楽しさを友達に伝えたりすることができました。

　この先も多様な文化背景をもつ子どもたちが今まで以上に学校に増えてくると思います。外国につながりのある子どもたちが、安心・安全に学校生活を過ごすことができるよう、一人ひとりの文化や言葉を大切にしたり、子どもたち一人ひとりを大切にする雰囲気をつくったりできるような取り組みを行っていきたいです。

メニュー②
世界のコマの回し方クイズ
ワークショップ

Tanoshii
workshop

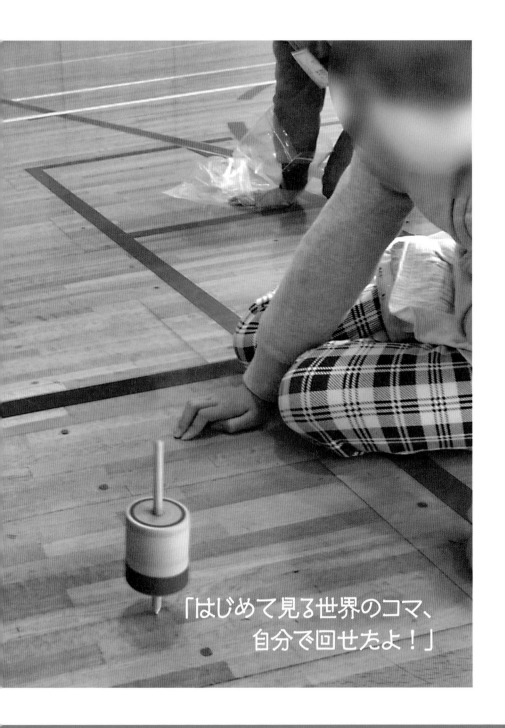

「はじめて見る世界のコマ、
　自分で回せたよ！」

一人ひとりのひらめきや気づきを活かして 世界の多様なコマの回し方を探る！

コマといえば、どのようなものを思い浮かべますか？　多くの方は手でひねったり、ひもを巻いて投げるコマを思い浮かべるかもしれません。実は、**図1-2** (p.33) のように、多種多様なコマが日本にも世界に存在しています。このワークショップではこうしたコマの回し方を考えたり、実際に回すアクティビティにグループで取り組みます。コマを手に取りながら観察して、それぞれに気づいたことやアイデアを話し合い、「こうしたらどうだろう？　ああしたらどうだろう？」と一人ひとりが知恵をしぼり、実際に試しながら回し方を探ります。

コマを回すときには、みなさん真剣な表情で取り組み、うまく回ると自然と表情がほころびます。回すことができた子は、ほかの子にアドバイスをしたり、手伝ったりと協働的なコミュニケーションもよく見られます。さらに、こうした活動では、往々にして普段の授業などでは目立たない子が力を発揮することがあるようです。このように、普段と異なる関係性が生まれるのもおもしろい点といえるでしょう。コマという身近な遊びを通して、異文化に触れると同時に、対話を通じた課題解決に挑戦するアクティビティが学習者の新たな側面を引き出すのです。

どんなことをするワークショップ？

学習者は、グループで試行錯誤しながら、世界のさまざまなコマの回し方を考えます。クイズ型のアクティビティを通して、世界各国のコマをじっくりと観察し、回すことにチャレンジします。回し方が明らかになった後には、互いにサポートしながら題材となったコマを全員が回します。多種多様なコマが日本のみならず世界に存在することを理解し、「多様性」に気づくきっかけにすることを目指します。

【図2-6】 インドネシアの竹のコマの回し方を考える子どもたち。

このワークショップのプログラム

①イントロダクション

　ワークショップを実施するエデュケーターと学生スタッフが自己紹介します。その後、世界のコマを活用したアクティビティに取り組む目標を学習者と共有します。

②アクティビティ【コマの回し方を仲間と考えよう】

　学習者を3〜4名の小グループに分け、各グループに題材となるコマを1〜2セットずつ配ります。コマは、コマ本体と回すための棒やひもがセットになっています。学習者は、それらの道具を使って回す方法を考えます。ただ頭のなかで個別に考えるのではなく、本物のコマを仲間と使って、試行錯誤します。グループの仲間と協力して、実際にコマを回すことを目指すのです。

　コマは難しすぎず、適切なプロセスを踏めば、誰でも回せるやさしいものを

選びます。こうした点を、学習者に対して明示的に伝え、「みんなやってみれば
きっと回せるから大丈夫」と前向きにチャレンジするような声かけをします。コ
マに関心を持てなかったり、苦手とする学習者もとりこぼさず、参加と体験を促
すためです。

・手順

❶十分な空間（２〜３メートル）をとって散らばりグループごとに輪になりま
す（図 2-7 の左）。

❷グループに１〜２点ずつコマを渡します。複数渡す場合は、回し方が同一の
ものに揃えます。

❸コマを受け取ったグループごとにコマの回し方を考えます。回すことができた
らファシリテーターに伝えるよう伝えます。終了時間は明確にし、「あと◯分
だよ！」と予告したうえで残り時間をカウントダウンして終了します。

❹全員集合します（図 2-7 の右）。コマを回すことができたグループがあれば、
そのグループのメンバーにどうやって回したか尋ね、全体で共有し、解説を加
えます。回し方が不明なまま残ったコマは、ファシリテーターが回し方を紹介
します。このときは、全員がはっきり見えるようモニターやスクリーンに動画
を再生してコマの回し方を紹介し、さらに実物を使って説明しながら回し方を
実演します（図 2-8）。

③アクティビティ【世界のコマ回し体験】

各グループでコマを実際に回します。グループ内で協力しながら、全員が回せ
るようになることを目指し、互いにアドバイスしたりするなど、支援し合うこと
を促します。

④振り返り

全員でコマを体験して気づいたことを共有します。さらに、このコマ体験の気
づきから、多様性に触れたこの学びについて説明します。最後に、体験したコマ
を網羅したプリント（図 2-9）を配布します。

グループごとにコマに取り組む時	コマの回し方を紹介する時

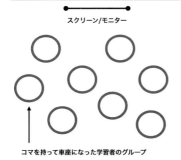

スクリーン/モニター

↑

コマを持って車座になった学習者のグループ

スクリーン/モニター

ファシリテーター

学習者はファシリテーターを中心に集まる

【図2-7】 会場内の学習者の動き

コマの回し方を考える際は、グループごとに車座になり、コマを共有して考えます（左）。コマの回し方を紹介する際は、全体で輪をつくります（右）。映像で説明した後、中央のスペースでファシリテーターは説明しながら実際にコマを回してみせます。

【図2-8】 コマの回し方を説明するファシリテーター

コマの回し方について考え、どうすれば回せるのか興味津々の子どもたち。子どもたちの視線はファシリテーターの手にあるコマに集まっています。そして、ファシリテーターの言葉の一つひとつを聞き逃すまいと真剣に耳を傾けています。この後、実際に子どもたちは自分たちの手でコマ回しにチャレンジします。

【図2-9】ワークショップ終了時に配布するプリント
当日体験したコマのほか、草の根プロジェクトが保有するコマの一部を紹介します。QRコードから草の根プロジェクトのYouTubeチャンネルにアクセスし、コマの回し方の紹介動画を見ることができます。これにより、自宅でも体験したコマやワークショップの様子について家族と共有したり、思い出として残すことができます。

このワークショップで期待される効果

　遊び道具を体験するといった点では、先に紹介した世界の遊び博物館ツアーワークショップと似ています。しかし、このワークショップでは、はじめに遊び方を学習者に伝えません。「どうすれば回すことができるだろう？」と、学習者自身を回し方の探求に導くよう問いかけます。学習者は、異文化からやってきたコマを手に、そのコマの回し方を探り、実際に回す課題に取り組みます。既知のコマとは異なる形のコマを手にすることで、学習者は、コマの概念を修正する必要に迫られます。

　さらに、コマの回し方を見つけ出すために、他者との協働が求められます。そ

こで学習者は、コマを手に取り、さまざまな角度から観察して気づいたことや考えたことを仲間と共有したり、ひらめいたアイデアをつぶやいたり、試行したりします。ここでは、自分がコマを手にしていなくても、仲間とともに観察するとともに、仲間の発する言葉に耳を傾け、情報を得ることで、さらに新たな思考に発展していきます。

　コマの回し方というシンプルな課題を共有し、その解決に向けて仲間とコミュニケーションしながら協働することが求められるのです。

　コマの回し方を探るという好奇心を刺激しつつ負担の少ないシンプルなタスクによって、小学生から大人まで幅広い学習者が気軽に楽しむことができます。学習者間のコミュニケーションを活性化することもできるワークショップです。

世界のコマの回し方クイズ ワークショップ②

主な対象 小学校低学年以上
所要時間 45～60分

　グループで試行錯誤しながら回し方を考えるアクティビティを通して、世界各国のコマをじっくりと体験します。このプロセスを通じて、多種多様なコマが日本のみならず世界に存在することに気づき、文化の多様性に気づくきっかけとすることを目指します。

❶ イントロダクション

ワークショップを実施するエデュケーターと学生スタッフの自己紹介の後に、世界のコマを活用するアクティビティに取り組んでもらうことを伝えます。

❷ コマの回し方を 仲間と考えよう

学習者を3～4名ずつの小グループに分け、各グループに題材となるコマを2～3セットずつ配ります。コマはコマ本体と回すための道具（棒やひも）がセットになっており、それらの道具を使って回す方法を協力して見つけ出します。

❸ 回し方をみんなで 見てみよう

コマを回すことができたグループがあれば、子どもたちにどうやって回したかたずね全体で共有します。さらに、コマの回し方を全員がはっきり見えるようモニターやスクリーンに写した動画で紹介し、実演します。

コマは知ってるけど、
これは初めて見たよ。
どうやって回すんだろう？

❹ コマをみんなで 回してみよう

各グループでコマを実際に回します。個人で回して遊ぶのではなく、グループ内で協力しながら、全員が回せるようになることを目指し、互いに支援しあうことを促します。

❺ 振り返り

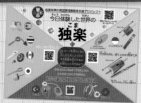

全員でコマを体験して気づいたことを共有します。また、コマを事例に多様性に触れたことを振り返ります。最後に、配布するプリントを紹介して終わります。

少し練習したら僕にも
回せたよ！
いろんな回し方のコマが
世界にはあるんだね！

クローズアップ！　草の根プロジェクト実物資料コレクション２
「マレーシアのセパタクローのボール」
太い籐を球状に編んで頑丈につくってあります。

メニュー③
世界の楽器の音クイズと
アンクルン合奏ワークショップ

「あの音はこれだ!」
「音」で楽器を探す
クイズに挑戦!

楽器の音を聴く・鳴らす・合奏する！
いろんな感覚で体験して世界の広さを体感

　みなさんにとって身近な「楽器」とはどんなものですか？　ただ、「知っている」、「音を聴いたことがある」だけではなく、自分で音を出したことがある楽器はどんなものがありますか？

　このワークショップでは、世界の多種多様な楽器を活用します。それらは、おそらく学習者の多くにとって初めて見るものであったり、実際に手に取る機会がなかったのではないか、というものを選びます。「世界の楽器の音クイズ」では、「音」を頼りに楽器に触れずに細部までじっくり観察して音の主を探します（図2-10）。このプロセスでは、「こんな楽器があるのか！」と多種多様な仕組みや、素材の楽器があることに気づくことでしょう。このようにして、楽器を通じてそれまでの固定観念を揺さぶり、多様性への気づきを誘発します。また、「アンクルン」の合奏では、見たり音を出したりするだけでなく、全員で合奏に挑戦します。これによって、協働することの楽しさや難しさを実感する機会となるでしょう。こうしたアクティビティを振り返ることで、これまでのものの見方や他者との関わり方について再考し、新たな見方を発見する機会になるでしょう。

どんなことをするワークショップ？

　このワークショップでは、世界各国の楽器を多数活用します。前半の「世界の楽器の音クイズ」では、それまでのイメージを覆すような多種多様な楽器に出会い、「多様性」への気づきを促します。後半は、インドネシアの「アンクルン」の合奏に全員で取り組むことで、協働の実践に挑戦します。

このワークショップのプログラム

①イントロダクション
　ワークショップを実施するエデュケーターと学生、そして草の根プロジェクトについて自己紹介します。遊びを通して「多様性」と「協働」について考えると

【図2-10】②アクティビティ【世界の楽器の音クイズ】
題材となる楽器を鳴らすエデュケーターとその音を聴く学習者。

いうねらいを学習者と共有します。会場内は**図 2-12** のように配します。

②アクティビティ【世界の楽器の音クイズ】

　学習者は、目を閉じた状態である楽器の音を聴きます。それを頼りに、その楽器を探し出すことが目標です。楽器を探す際には、ある一つのルールを学習者に課します。それは、楽器には手を触れてはいけない、というものです。学習者は、聴き取った音の特徴とそれぞれの持つ知識とを照らし合わせます。そして、聴いた音の正体と思われる楽器を探し出すため、学習者は一つひとつの楽器を注意深く観察しなくてはなりません。こうした活動によって、世界に多種多様な楽器があることに学習者が自らの観察や思考を通じて気づき、楽器の概念を新たにする機会とすることを目指します。

【図2-11】世界の楽器の音クイズで使用する楽器例

上段左からバリンビン（フィリピン）、チャフチャス（ペルー）、びんざさら（日本）下段左からマトラカ（ペルー）、ダマル（インド）、ダルボッカ（モロッコ）、金属製ラトル（インド）。

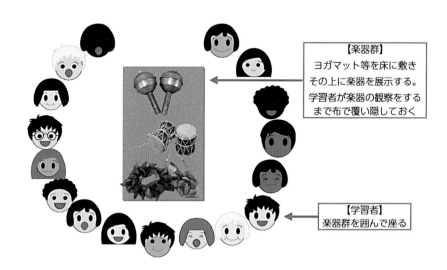

【楽器群】
ヨガマット等を床に敷き
その上に楽器を展示する。
学習者が楽器の観察をする
まで布で覆い隠しておく

【学習者】
楽器群を囲んで座る

【図2-12】世界の楽器の音クイズの際の楽器と学習者の位置関係

【図2-13】②アクティビティ【世界の楽器の音クイズ】手順
ファシリテーターによる「いっせーのせ！」の掛け声でタイミングを合わせ、一人ひとりが答えだと予想する楽器を指差して自分の考えを表現します。

・手順

❶「楽器の周りを囲んで座ろう」

　会場の中央に並べ布で隠した楽器群（図2-11）を囲み学習者は座ります。

❷「部屋の外側を向いて目を閉じて」

　エデュケーターからのアクティビティに関する説明の後、学習者は部屋の外側を向き、目を閉じます。

❸「音を鳴らすよ、耳を澄ましてよく聴いていて」

　エデュケーターが楽器群から一つ楽器を取り出して音を鳴らします。学習者は耳を澄ませて音を聴きます。

❹「音を鳴らすのは終わり、どんな音だったかよく覚えておこう」

　エデュケーターが楽器を戻し、布の下に隠します。

❺「それでは、楽器を探し出そう！　ただし、楽器に触れてはいけないよ」

　学習者は立ち上がり、自由に動いて楽器を観察します。

❻「みんな1つか2つこれだという楽器を選んで、自分の場所に戻って座ろう」

一定時間経過後、学習者は座っていたところに戻るよう伝えます。

❼「次はみんなの答えを教えてください。合図をしたら楽器の近くに行って指を指してね」

エデュケーターの合図で学習者が一斉に自分が選んだ楽器に指を指します（**図 2-13**）。一人ひとりが、答えだと考える楽器を指で指し示します。これにより全員が意思を表示します。

❽「それでは、正解を発表します！　正解はこれです！　じゃあ、これをどうしたらさっきの音が出るだろう？」

実物を取り出して正解を発表します。さらに、この楽器をどうすれば聴いた音が出るか問いかけます。挙手があれば、楽器を渡して考えた音の出し方を実演してもらいます。楽器の音の出し方を確認した後、楽器に関する情報も紹介します。

❾「気になった楽器を触って、音を出してみたり、手に取ってよく観察してみよう」

楽器を自由に体験する時間を設けます。質問があれば、その場で遠慮なくするよう伝えます。また体験している学習者にも積極的にエデュケーターから声をかけ、疑問に応えます。

③インターミッション「多様性と協働と」

音クイズでの体験をもとに、「多様性」とはどういうことなのか学習者に問いかけます。自分たちの当たり前とは異なる物事が世界には広がっていること、文化や人間そのものも多様であることを伝えます。そこで、異なる背景を持つ人々がともに生きるうえで必要であるのが「聴く」と「協働」であると伝えます。このことを意識して次のアクティビティで実践してみようと促します。

④アクティビティ【インドネシアの楽器アンクルンに挑戦】

このアクティビティでは、インドネシアの「アンクルン」という伝統的な楽器を活用します（**図 2-14**）。アンクルンは竹でつくられた楽器で、片手で吊るすよ

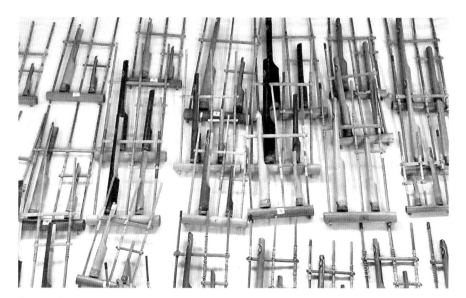

【図2-14】ワークショップ会場に配置したアンクルン

4セット（4オクターブ分）のアンクルンで、最大32名が同時に合奏に参加することができます。場合によっては、数名の学習者が2つの音を担当したり、ファシリテーターが加わったりします。

うに持ち、反対の手を小刻みに振ることで音が出る仕組みになっています。インドネシアの伝統音楽の音階や西洋音階に調律されたものがありますが、草の根プロジェクトは西洋音階のアンクルンを保有しています。

　このアクティビティでは、学習者を7〜8名ずつのグループに分け、全員に1点ずつアンクルンを手渡します。そして、「どうすれば全員で合奏することができるのか」を考え、実際に合奏することがミッションとなります。学習者は、グループ内で試行錯誤しながら考えを共有し、合奏に取り組みます。

・手順

❶「アンクルンを使えば合奏ができるよ。グループごとに方法を考えて合奏してみよう」

　アクティビティの目的とアンクルンの基本的な情報を伝えます。

❷「アンクルンを一人1つずつ持って、グループごとに分かれて輪になろう」

【図2-15】④アクティビティ【インドネシアの楽器アンクルンに挑戦】
ファシリテーターがサポートに入りながら、一人1点ずつアンクルンを手に取り合奏に取り組みます。

　学習者を7～8名ずつグループに分けます。学習者は、アンクルンを受け取った後、部屋のスペースを最大限に使い、グループ間の距離をとって輪になります。

❸「アンクルンを手に取って、どうすれば合奏できるか、考えて挑戦しよう」
　グループでアンクルンの合奏に取り組みます（図2-15）。学習者は、アンクルンの音を実際に出したり、互いの音を聴き合ったりしながら合奏の方法を相談します。必要に応じ、途中で適切な持ち方を伝える場合もあります。

❹「グループごとに合奏を披露しあおう。最後には全員で合奏してみよう」
　グループごとに合奏を披露し、お互いの演奏を聴き合います。全グループ終了後、全員で合奏します。

＊所要時間によって、合奏方法を考える際の援助の仕方を調節します。十分に時間がある場合には、アンクルンの持ち方、音の出し方以外は助言を与えません。逆に、時間が短い場合には、合奏する方法を口頭で伝え、それを参考にグループの手に委ねたり、さ

らにより具体的な助言を与え、合奏そのものに集中できるようにする方法もあります。

⑤振り返り

　ワークショップ全体を振り返り、学習者が活動を通じて気づいたこと考えたことを共有します。エデュケーターから、活動中の様子についてフィードバックします。

このワークショップで期待される効果

　このワークショップは、2つのアクティビティによって構成しています。初めの「世界の楽器の音クイズ」は、とくに、聴覚を活用するアクティビティです。初めは楽器の音に集中します。その後には、その楽器を見つけ出すために、じっくりと楽器群を観察しなければなりません。楽器に触ることができれば、音を出して確かめながら探すことができます。しかし、ここでは触れることができません。そのため、学習者はさまざまな角度から注意深く観察することが求められます。そして、既知の楽器と比較し、形や素材、大きさなどから推測したりします。

　正解を確認した後には、「どうすればその楽器の音を出せるか」という問いを投げかけます。さらに、興味を持った楽器を手に取り、どんな感触なのか、材料なのか、音なのか、学習者が実際に楽器を手に取り、音を出して確かめます。

　このように多種多様な楽器を聴覚、視覚、触覚と複数の感覚を刺激しながら体験し、思考するプロセスによって、楽器を通して文化の多様性を実感する機会とすることができるでしょう。

　2つ目のインドネシアのアンクルンを活用したアクティビティでは、グループごとにアンクルンの合奏に挑戦します。未知の楽器と出会い、楽器の演奏方法を個人ではなくグループで考え出すこと、実際に全員の力を合わせて合奏に取り組むことが求められます。

　協働が求められるという点では、メニュー②のコマの回し方クイズと共通しています。コマは一人で回しますが、アンクルンはグループ全員が参加しなければ合奏は成り立ちません。そのため、合奏に有効だと考えられるアイデアを思いつけば、それをメンバー間で共有し、全員で試行錯誤しなければなりません。この

アクティビティは、非常に高度な協働へのチャレンジが要求されるでしょう。

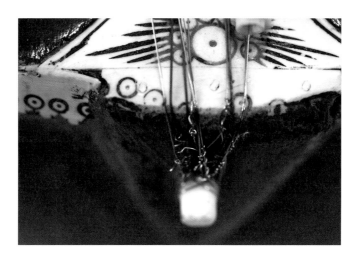

クローズアップ！　草の根プロジェクト実物資料コレクション３
「インドの弦楽器の弦を固定する部分」
近くで見ると、どのようなつくりになっているのかよくわかります。

世界の楽器の音クイズと
アンクルン合奏ワークショップ③

主な対象 小学校高学年以上

所要時間 60〜90分

　このワークショップでは、世界各国の楽器を多数活用します。前半の「世界の楽器の音クイズ」では、それまでのイメージを覆すような多種多様な楽器と出会い、多様性への気づきを促す機会とします。後半はインドネシアの「アンクルン」の合奏に取り組むことで協働の実践に挑戦します。

❶ イントロダクション

ワークショップを実施するエデュケーターと学生、そして草の根プロジェクトの紹介を行います。遊びを通して多様性と協働について考えるという狙いを共有します。

❷ 世界の楽器の音クイズ

このアクティビティでは、目を閉じて聴いた音だけを頼りに楽器を探し出します。楽器を探す際には、手を触れることができません。そのため、一つひとつの楽器を注意深く細部まで観察することが求められます。こうした活動によって、世界に多種多様な楽器があることに気づくことを促します。

❸ インターミッション
「多様性と協働と」

音クイズでの体験をもとに、多様であることとはどういうことなのかを考えます。そして、生活文化や人間そのものも多様であることを紹介します。さらに、異なる背景を持つ人々がともに生きるうえで必要であると考えられるのが「聴く」と「協働」であり、それを意識的に実践してみようと問いかけます。

世界にはいろんな仕組みの楽器があるんだ！触ってみるとよくわかるね！

❹ インドネシアの楽器
アンクルンに挑戦

みんなの力を合わせて合奏ができると気持ちいい！

❺ 振り返り

ワークショップ全体を振り返り、学習者からは活動を通じて気づいたこと考えたことを共有します。エデュケーターから、活動中の様子についてフィードバックします。

いくつかのグループに分け、はじめに最低限の情報のみ提供します。そして、どうすれば全員で合奏することができるのかを考え、合奏に挑戦するよう伝えます。学習者はグループ内で試行錯誤しながら考えを共有し合奏に取り組みます。

世界の遊び
みんなで遊んでつくって
持ち帰ろう

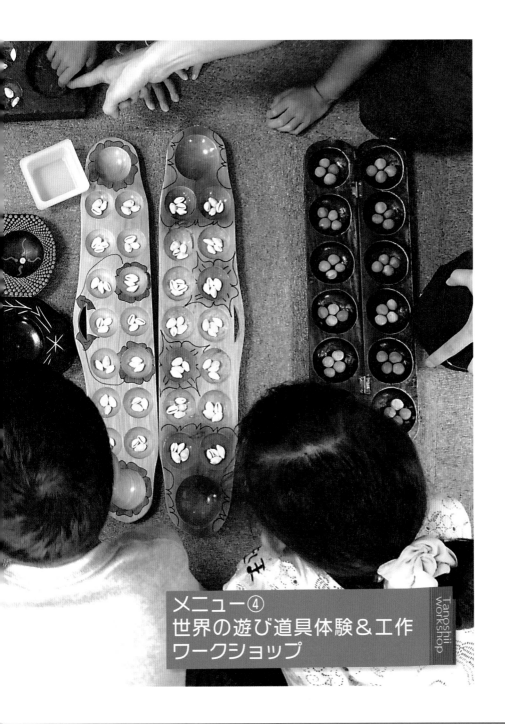

メニュー④
世界の遊び道具体験＆工作
ワークショップ

Tangshii
workshop

一人ひとりの作品が
世界と人とつながる最強ツールに

「何かをつくることが大好き！」という子どもたちはきっと多いのではないでしょうか。私たちがこのワークショップを行う際も、いざ自分で遊び道具をつくろうと工作の時間（メニュー内③アクティビティ【自分で遊び道具をつくろう】）に入ると、会場はしんと静まり返ります。工作する場面では、おしゃべりが止まり、子どもたちが一気に集中し、それまでとはまったく違う表情を見せてくれるからです。

　このワークショップでは、工作に至る前に、さまざまなアクティビティを交えながら世界の多様な遊び道具と出会い、実際に遊びます。そこでは、活発なコミュニケーションが生まれ、ときには歓声もあがります。このようにして世界のさまざまな遊びに熱中することで、異文化を自分の世界に取り込み、親しみを感じることができるでしょう。そこで「これから自分だけのオリジナル〇〇〇をつくってみよう」と声をかけると、子どもたちのモチベーションはさらに高まります。このように、ワークショップで出会った世界の遊びを自分の手でつくり上げ、手元に残すことで、その作品は単なる遊び道具ではなく、そのときの感情や思い出、世界とのつながりを思い起こす宝物になるでしょう。

どんなことをするワークショップ？

　このワークショップでは、世界各国の遊び道具を題材として取り上げ、学習者はそれらをじっくり観察し、どのように楽しむのか実際に体験します。さらに、学習者一人ひとりが題材とする実物資料を再現するものづくりに挑戦します。どこでつくられたものなのか、どのような仕組みでどうやって使うものなのか、じっくり体験するアクティビティと工作を組み合わせることで、学習者はその資料により深く親しむことができます。作品は学習者が持ち帰り、ワークショップの体験を長く記憶にとどめ、異文化と自分自身をつなぐツールとなることが期待できます。

【図2-16】②アクティビティ【世界の遊び道具にチャレンジ】
マンカラを参加者同士で楽しむ。

このワークショップのプログラム

①イントロダクション

　ワークショップの題材とする遊び道具を紹介します。レクチャー形式ではなく、どのような形をしているのか、どうやって遊ぶのかなど、問いかけを交え、実際に触れて観察して考えながら紹介していきます。

②アクティビティ【世界の遊び道具にチャレンジ】

　題材に合わせて遊び方を考えるクイズなどを交えながら、具体的な遊び方を紹介して全員で体験します。遊び方を参加者がマスターできるように、参加者とエデュケーター、学生スタッフ全員で時間をかけて楽しみます。

③アクティビティ【自分で遊び道具をつくろう】

　エデュケーターや学生スタッフの説明を受け、学習者が工作に取り組みます。

【図2-17】草の根プロジェクトのマンカラ
③アクティビティ【自分で遊び道具をつくろう】で、スチレンボードをくり抜いたマンカラを
つくる。

一人ひとりの理解や作業の進み具合に応じて、エデュケーターや学生スタッフが
サポートするほか、参加者同士で助け合うようにも促します。時間的な余裕が
あれば、学習者は、思い思いの装飾をして、自分だけの作品を目指します。それ
が難しい場合は、装飾の作業を発展的活動として、自宅での活動へとつなぎます。
これにより家庭で、親子やきょうだいでの対話を促すことになります。

④振り返り

どんな作品ができたかを互いに紹介したり、完成した作品で遊んでみます。最
後に題材とした遊び道具の背景をあらためて紹介し、多様性に触れる機会とし
てのワークショップを締め括ります。

このワークショップで期待される効果

このワークショップでは、制作を始める前の段階で、題材とする実物資料を

【図2-18】コマを題材にした場合は、コマをつくった後に、自分でつくったコマを回すコマ回し大会を行うこともできます。家に帰って一人で回すよりも、経験をともにした仲間と一緒に回す方が、楽しさは倍増します。また、周囲の多くの人に見てもらえるため、一人で回すのとは違った嬉しさもあります。

「異文化からやってきた未知の遊び」として導入します。ファシリテーターは、丁寧に紹介し、学習者はじっくりと観察・体験します。すると、「こんなもの初めて見た！　おもしろい！」と、学習者が新たな概念を獲得する機会となります。そして、学習者の好奇心を刺激し、より関心も高まります。

　さらに、学習者が自分自身の手で作品をつくり上げることで、題材となる実物資料の仕組みや使い方をより深く理解し、心から親しむ機会とすることができます。子どもたちに関わる経験をお持ちの方なら、何かをつくる際の集中力の高さはご存知かと思います。工作に入った瞬間、会場は静かになり、真剣な表情に変わるというのは、このワークショップでもよく見られます。このように、ものづくりをワークショップの主題とすることで、学習者の意欲・関心を高め、実物資料についてより理解しようとする動機づけとすることができるのです。

　さらに、ものづくりのプロセスにおいては、学習者はエデュケーターやファシリテーターとなる学生、ほかの学習者とコミュニケーションをとり、協働的に関

わることが求められます。

　また、学習者が自分自身の作品を持ち帰るという点も、このワークショップの大きな特徴です。ただ組み立てるだけでなく、自分だけの作品として手を加えることで大切な宝物になり、ワークショップで経験したことを記憶にとどめ、思い出すシンボルにもなります。実際に、ワークショップに参加した小学生の保護者の方から、そのときにつくった楽器を今も大切に飾っているというお話を伺ったこともありました。異文化とつながり、世界を広げる作品を自分の手でつくり出すワークショップでもあるのです。

世界の実物体験
ワークショッププログラム

世界の遊び道具体験＆工作 ワークショップ④

主な対象：題材により変わります

所要時間 60〜90分

　このワークショップでは、世界各国のボードゲームやけんだまなどのいずれかを題材として取り上げものづくりに取り組みます。どこから来た遊びなのか、どのような仕組みでどうやって遊ぶのか、じっくり体験するアクティビティと工作を組み合わせることで、より深く異文化に親しむことができるでしょう。家に持ち帰った作品は、この日得た思い出や学びを長く留める材料となるでしょう。

❶ イントロダクション

ワークショップの題材とする遊び道具を紹介します。レクチャー形式ではなく、どのような形をしているのか、どうやって遊ぶのかなど、問いかけて実際に触れて観察して考えながら紹介していきます。

【題材の事例紹介】

マンカラ

フィリピン

ガーナ

マンカラはアジア、アフリカを中心に世界各国で親しまれているボードゲームです。窪みのある板（地面に穴を掘ったり、線を描いてもOK）と小石や植物の実、貝殻などの小さな粒を使用します。将棋やオセロのように2人で対戦するゲームで、先を読み、考える力求められます。

❷ 世界の遊び道具に チャレンジ

題材に合わせて遊びかたを考えるクイズなどを交えながら具体的な遊び方を紹介し全員で体験します。遊び方を参加者がマスターできるよう、参加者とエデュケーター、学生スタッフ全員で時間をかけて楽しみます。

これって遊び道具なんだ？
どうやって遊ぶんだろう？

❸ 自分で 遊び道具をつくろう

エデュケーターや学生スタッフの説明に従って、材料を使って工作に取り組みます。一人ひとりの作業の進み具合に応じてエデュケーター、学生がサポートするほか、参加者同士で助け合うよう促します。時間に合わせて自分だけの作品となるよう装飾も行います。

つくって、持って帰れるから
家でもっと遊んで、もっと飾り付けしてみよう！

ほかにもこんなものをつくれます

題材に合わせて遊びかたを考えるクイズなどを交えながら具体的な遊び方を紹介し全員で体験します。遊び方を参加者がマスターできるよう、参加者とエデュケーター、学生スタッフ全員で時間をかけて楽しみます。

❹ 振り返り

どんな作品ができたか互いに紹介したり、完成した作品で遊んでみたりします。最後に題材とした遊び道具の背景をあらためて紹介し、多様性に触れる機会としてのワークショップを締め括ります。

パルテノン多摩との連携事業に見る
草の根プロジェクトのアウトリーチ活動の意義

桜美林大学リベラルアーツ学群准教授　金子　淳

　博物館学の概説書などにおいて、博物館のアウトリーチ活動は、①資料貸し出し、②出張展示、③出前授業という3種類に分類されて説明されることが多い。そして実際に博物館では、この3つのどれかに当てはまる実践のことを、一般にアウトリーチと称している。

　しかし草の根プロジェクトでは、こうした枠組みを軽やかに乗り越えながら、独自の方向性を探っているように見える。その理念や取り組みの詳細についてここで立ち入ることはできないが、それぞれの枠組みを有機的に結びつけようとする工夫や、修正を加えながら、常に改善していく柔軟な姿勢を見出すことができる。このことについて、パルテノン多摩との連携事業を事例に考えてみたい。

　草の根プロジェクトとパルテノン多摩キッズファクトリーとの連携事業は2013年から始まっている。パルテノン多摩は、音楽・演劇・映画などとともに博物館部門を擁する複合文化施設で、1987年の開館以来、地域の芸術・文化の拠点としての役割を担ってきた。博物館部門の一つを構成するキッズファクトリーは、「子どもと親の体験室」を標榜し、前身の「ミラクルラボ」をリニューアルして2009年にオープンした。地域や身近なことについて体験やものづくりを通して学んでもらおうと、外部からさまざまな講師を招いたワークショップを実施しており、草の根プロジェクトとの連携事業もその一環として行われている。

　キッズファクトリーで行われた草の根プロジェクトのワークショップは、冒頭の分類に当てはめると、「③出前授業」に該当するかもしれない。しかし、たとえば2019年度の例でいえば（5/18実施）、「世界の遊びと衣装の出張博物館プログラム」（13：00〜14：00）と「世界の実物体験ワークショップ

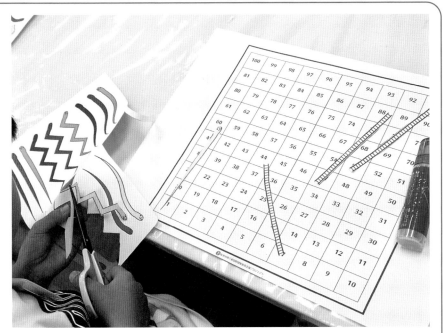

【図2-19】 パルテノン多摩キッズファクトリーで実施したワークショップにてオリジナルの「へびとはしご」をつくる子ども。

プログラム」（14：00 ～ 15：00）という二本立てで計画されており、展示・体験・アクティビティ（工作）などが巧みに組み合わされた実施形態となっている。いわゆるアウトリーチ活動の枠組みにとどまらず、さまざまな要素を結びつけてつくり上げていくのが草の根プロジェクトの特徴であり、強みでもあると思う。

　しかも、毎年同じプログラムではなく、実施形態やワークショップの内容などを少しずつ変えながら実施している。これはファシリテーターである学生スタッフが、学年の進行とともに入れ替わり、良い意味での新陳代謝が促されていることとも関係している。留学生を含めた学生スタッフとともにつくり上げていくという大学ならではの特性を踏まえつつ、常に新しい方向性を模索していく草の根プロジェクトの姿勢がうまく反映された取り組みといえるだろう。

「この感触、この形、一体なんだろう？」
アイマスクをして、触って調べて
仲間に伝えよう

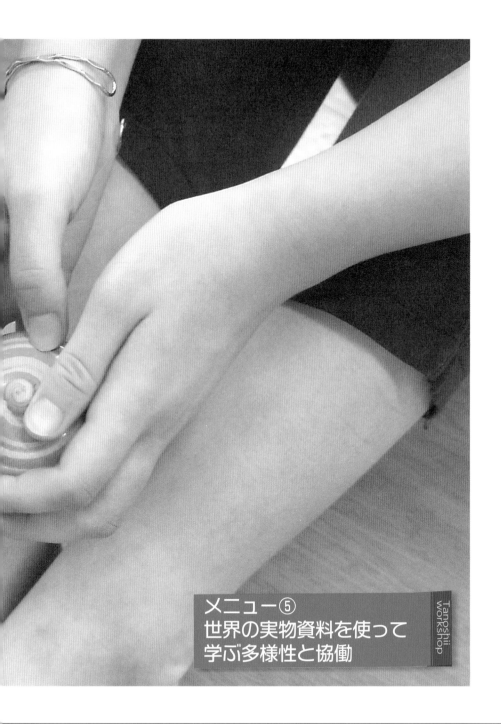

メニュー⑤
世界の実物資料を使って
学ぶ多様性と協働

Tanoshii
workshop

みんなで協働すればクリアできるゲームが
人と人を結びつけ世界を広げる

　このワークショップは、中学・高校生以上を対象としています。学習者が中学生以上になると、友達付き合いが特定の範囲になったり、初対面の人に自己開示したり、周囲との関係性の構築に個人差が目立つようになっていきます。このワークショップでは、グループで取り組むゲーム形式のアクティビティを通して、学習者間のコミュニケーションを誘発します。アクティビティで与えられた課題をクリアするためには、グループのメンバーが主体的に取り組み、対話することが求められます。

　たとえば、「触察伝言ゲーム」では、触覚を通じて得た情報の言語化が求められます。題材となる実物資料を触れることで、その物の形や重さ・大きさ・質感などの特徴を相手にも理解できるように伝えなければなりません。このときには直感的かつ客観的な思考が求められます。

　こうしたアクティビティによって、学習者が「気づいたらみんなで協働していた！　楽しかった！」という感覚を得られるよう促します。ほかにも、遊ぶことや奏でることといった楽しみや喜びを共有することができるでしょう。ワークショップを通じてこうした活動に取り組むことで、多様な人の在り方やそうした人々との協働の仕方を学ぶ貴重な学びを提供します。

どんなことをするワークショップ？

　ここまでのメニューで登場した世界各国のコマとインドネシアの楽器「アンクルン」を使用します。これらを題材に、協働的により複雑な問題解決に取り組むアクティビティを提供し、文化の多様性を実感し、聴くこと、協働することを実践を通して学ぶことを目指しています。ゲーム形式のアクティビティで活発なコミュニケーションを促すことにより、中高生以上の集団内で関係を構築するきっかけづくりにすることもできます。

【図2-20】「触察伝言ゲーム」⓫「発見係は仲間が触察したものがどれか探し出そう」
触察係から聴いた情報をもとに、題材である物を探し出そうとする発見係。

このワークショップのプログラム

①イントロダクション

　ワークショップを実施するエデュケーターと学生、そして草の根プロジェクト
を紹介します。遊びを通して多様性と協働について考える、というねらいを学習
者みんなで共有します。

②アクティビティ【触察伝言ゲーム】

　一つのグループを「触察係」、「発見係」に分け、協働して実物資料を探し出す
アクティビティです。触察係はアイマスクをして与えられた実物資料を「触察」
します。次に、触察で得た情報を発見係に伝えます。発見係は、その情報をもと
に触察係が触察した実物資料を資料群のなかから探し出すことができれば成功で
す（図2-20）。

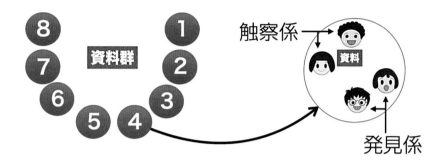

学習者全体の位置関係
（8グループの場合）

グループ内の位置関係

触察係

資料群

資料

発見係

【図2-21】4人グループ、触察係・発見係が各2名の場合の位置関係

グループごとに分かれて車座になります（左）。さらにグループ内で触察係と発見係に別れ、それぞれ向かい合って座ります（右）。

・手順

❶「グループに分かれよう」

　学習者を4～5名ずつのグループに分け、会場内に広がります（**図2-21左**）。

❷「グループのなかで2つの係に分かれよう」

　各グループで相談して2～3名ずつ触察係と発見係に分かれます。

❸「ゲームの準備をするために係ごとに分かれて座ろう」

　各グループ触察係と発見係が向かい合って座ります（**図2-21右**）。

❹「全員にアイマスクを配るよ」

　学習者全員にアイマスクを配布します。

❺「アイマスクをつけて、向かい合って座ろう」

　全員がアイマスクを装着し、発見係と触察係が向かい合って座ります。

❻「触察係は配られたモノを、じっくり触察して、仲間にどう伝えるか考えよう」

　触察係に実物資料を一つ手渡します。受け取った触察係は触察します（**図2-22**）。

❼「触察係は隣の仲間にモノを渡そう」

【図2-22】「触察伝言ゲーム」❻「触察係は配られたモノをじっくり触察して、仲間に
どう伝えるか考えよう」
触察係が題材となるコマを触察しているところ。この後、発見係に伝言するため、じっくり触
察し、物の特徴を捉えます。

　一定時間経過後、隣の触察係に実物資料を手渡します。これを触察係全員が触
　察するまで続けます。

❽「それでは、触察タイムは終了！　モノを返してもらいにいくよ」
　エデュケーターが触察用の実物資料を各グループから回収し、中央の資料群に
　隠します。

❾「それでは、全員アイマスクを取ってください。伝言タイムスタート！」
　触察係は触察した実物資料の情報を発見係に伝えます。

❿「伝言タイム終了！　触察係はそのまま、発見係だけ集まってください」
　発見係のみ資料群のまわりに集まります。発見係が揃ったらファシリテーター
　は布を取り払い、資料群を見せます。この間、発見係は資料群に背を向けて座
　り、資料群を見ることはできません。

⓫「発見係は仲間が触察したものがどれか探し出そう」

【図2-23】「触察伝言ゲーム」⓫「発見係は仲間が触察したものがどれか探し出そう」
触察係から聴いた手がかりをもとに発見係がモノを探し出します。ここではモノに手を触れず、自由に動き回り、さまざまな位置や角度からじっくり観察します。

　発見係は、資料群のまわりを自由に動いて観察します。そして、観察しながら同じグループの発見係と相談し、候補を1点選びます（**図2-23**）。苦戦しているようであれば、触察係のところに戻ることを認めます。もう一度、聴いた内容を確認したり、質問して発見に役立つと思われる情報を引き出します。

⓬「モノを選んだ触察係は、グループごとに座って待とう」
　答えとする資料を選んだ発見係は、資料群のそばに座ります。触察係も資料群のほうに振り返り、同じグループの発見係の隣に座ります。

⓭「それでは、いよいよ答え合わせをしよう。グループごとにどれを選んだか、どんな情報をもとにそれを選んだのか教えてください」
　グループごとに発見係が選んだ資料を発表し、答え合わせをしていきます。正解・不正解に関わらず、どんな情報を触察係から受け取ってその資料を選んだか共有します。

【図2-24】 世界のコマの回し方クイズ
ワークショップメニュー②と同じアクティビティです。コマという素朴な遊びが題材ですが、ここまでにじっくり触れたり、考えたりすることで、中高生以上でも好奇心が刺激され、試行錯誤のやりとりがグループ内で展開されます。

③アクティビティ【世界のコマの回し方クイズ】／メニュー②と同じ

　触察伝言ゲームで使用した世界各国のコマの回し方を、グループごとに考え実際に回します（**図2-24**）。各グループにコマを2〜3点手渡し、自由に観察しながらアイデアを共有し、試行錯誤を重ねて回し方を見つけ出します。

④ねらいの確認

　ここまでのアクティビティを振り返り、多様性や協働について考えます。そして、異なる個性を持ったグループで問題解決に取り組むにはどうすればいいのか問いかけます。その気づきを活かし、次のアクティビティでは、意識的に協働的に取り組んでみようと問いかけます。

【図2-25】⑤アクティビティ【アンクルン合奏チャレンジ】
アンクルンを全員が持って合奏に取り組みます。さまざまな試行錯誤を繰り返すことで徐々に合奏が形になっていきます。まずはグループで、次に全員で合奏します。合奏が終わる頃には、参加者の間に自然と達成感が広がっていることが感じられます。

⑤アクティビティ【アンクルン合奏チャレンジ】／メニュー③と同じ

インドネシアの「アンクルン」という竹楽器を1グループに1セット（1オクターブ）ずつ手渡します。各グループはアンクルンをどうやって使えば合奏することができるのか、試行錯誤します（図2-25）。その後、グループごとに合奏を披露します。

⑥振り返り

学習者の感想を聴きます。また、ワークショップを通した学習者の活動について、とくに、「聴く」と「協働」という点に着目して、その様子を伝えます。エデュケーターや学生スタッフなど、他者から見た自分を知ることもまた、大切な学びです。

このワークショップで期待される効果

　このワークショップの触察伝言ゲームでは、ほかのアクティビティと比べて、さらに高度な協働が求められます。触察係は、アイマスクをした状態で実物資料を触り、触覚を通じて得た情報を発見係に伝えます。ただなんとなく伝えるだけでは不十分です。発見係は、資料群のなかから伝えられた情報だけを頼りに、見つけ出さなければなりません。情報の授受におけるコミュニケーションが非常に重要になります。

　ワークショップの開始時点では、資料群は布で覆われ、どんなモノがあるのかを学習者は知りません。このような状態で情報のやりとりをするなかで、往々にして起こることが、「思い込みに基づいた誤った情報の伝達」です。

　ここではすべてコマを使う事例を紹介していますが、資料群のなかに「コマは1つしかない」という根拠のない前提に無意識のうちに立ってしまい、伝えられる情報が限定的になってしまうことがあります。触察をして、それがコマであると気づいた時点で、伝えるべき情報を「コマ」と絞り込んでしまうのです。「触察したのはコマだよ」といったように、それがコマであるとさえわかれば、仲間は見つけ出せると思い込んでしまいます。しかし、発見係に見せる資料群は、実はすべてコマなのです。すると、世界各国の多種多様なコマを前に、発見係は途方に暮れてしまいます。

　このアクティビティは、批判的な思考に基づいたコミュニケーションの重要性に気づく体験を提供するものといえるでしょう。発見係の探索中に情報が不十分で立ち往生してしまった場合には、触察係のところに戻り、さらに有効な情報を引き出すコミュニケーションをとります。このようなやりとりの繰り返しで、双方とも客観的な視点に立った状況の認識や情報の解釈の重要性を認識することになります。

　このワークショップでは、このアクティビティ以降も協働的な問題解決を取り組む活動を複数設定しています（コマの回し方クイズ、アンクルンの合奏）。学習者自身が、先のアクティビティで得た気づきをすぐにフィードバックする機会があることで、その効果は高まるでしょう。また、協働的なアクティビティを繰

り返すことによって、学習者間の関係構築にもつながります。

クローズアップ！　草の根プロジェクト実物資料コレクション４
「タイのフタ付きのかご」
編み込んだ素材が立体的に組み合わさっていることがわかります。

世界の実物資料を使って
学ぶ多様性と協働⑤

主な対象 中学生以上

所要時間 90 ～ 120 分

　学内でも新入生を対象に実施しているワークショップです。世界各国のコマとインドネシアの楽器「アンクルン」を使用します。これらを題材に問題解決に取り組むアクティビティを提供し、聴くこと協働することについて学びます。活発なコミュニケーションを促し、集団内の関係を構築するきっかけづくりとすることもできます。

❶イントロダクション
Tanoshii workshop

子どもたちや留学生からの感想を聴くほか、ワークショップを通した子どもたちの活動の様子から、「聴く」と「協働」を実践していた様子をフィードバックします。

❷ 触察伝言ゲーム
Tanoshii workshop

一つのグループを「触察係」、「発見係」に分け、協働して実物資料を探し出すアクティビティです。全員アイマスクをして、触察係は与えられた実物資料を触察して得た情報を発見係に伝えます。発見係は、その情報をもとに、実物資料を探し出します。

❸ 世界のコマの回し方クイズ
Tanoshii workshop

触察伝言ゲームで使用した世界各国のコマの回し方を、グループごとに考え実際に回します。各グループにコマを 2 ～ 3 点手渡し、自由に観察しながらアイデアを共有し試行錯誤を通じて回し方を見つけ出します。

言葉やジェスチャーで友達に伝えるのは難しいけど、おもしろい！

❹ ねらいの確認
Tanoshii workshop

ここまでのアクティビティを振り返り、多様性や協働について考えます。そして、異なる個性を持ったグループで問題解決に取り組むには、どうすればいいのか問いかけ、次のアクティビティでは、意識的に実践してみようと問いかけます。

❺ アンクルン合奏チャレンジ
Tanoshii workshop

インドネシアの「アンクルン」という竹楽器を 2 グループに 1 セットずつ手渡します。各グループはアンクルンをどうやって使えば合奏することができるのか、試行錯誤に取り組みます。一定の時間を与えた後グループごとに合奏を披露してもらいます。

いつも一緒の同じクラスのメンバーでも意識して「問題解決」するって考えるとドキドキする！

❻ 振り返り
Tanoshii workshop

ワークショップでの活動を振り返ります。また、エデュケーターから、全体を通した学習者の活動の様子のフィードバックを行います。

どうやれば合奏できるか友達と考えて、うまくできると楽しい！

LAセミナーでの「草の根プロジェクト」の授業に参加して―ハンズ・オンからマインズ・オンへ―

桜美林大学リベラルアーツ学群教授　鷹木恵子

　桜美林大学の草の根国際理解教育支援プロジェクト（以下、草の根プロジェクト）は、2022年で25年目を迎える。このプロジェクトでは、2008年からリベラルアーツ（以下LA）学群1年生の必修授業LAセミナーにおいても、世界の実物資料を用いた国際理解教育セミナーやワークショップを行っており、筆者もこれまで毎年のようにLAセミナーの学生たちとともに参加してきた。

　草の根プロジェクトは、本学の3つの教育資源「ヒト」「モノ」「チエ・ワザ」を活用して国際理解教育を支援する取り組みであるが、とくに「モノ」に関してはハンズ・オン（Hands-on）の手法、すなわち実際にモノを「手に取る」、「手で触れる」ことで、自ら体感・体験し、能動的で主体的な学習へつなげるという教育手法を採っている。

　LAセミナーでの草の根プロジェクトの授業でも、実際の「モノ」、たとえばコマを教材にした授業が行われている。コマは世界各地に見られる玩具であるが、インドネシアのコマと日本のそれとでは形も回し方もまったく異なる。LAセミナーの授業では、学生は最初、とてもコマと認識できないような不思議な「モノ」を実際に手に取り、それがインドネシアのコマであると理解した後、「ではどうすれば、それをうまく回すことができるか」を2人一組になって考える。試行錯誤の末、どこかの組が回し方を解き当てて回し始めると、ほかの組も見様見まねで回し始め、さらにどこの組が最も長く上手に回し続けられるかを競い始める。そのときの学生たちの眼差しはまさに真剣そのものである。

　また、本学荊冠堂の地下で行われた草の根プロジェクトのワークショップでは、インドネシアのアンクルンと呼ばれる楽器を各学生が実際に手にして、それで「ドレミの歌」の演奏を行ったこともあった。それぞれの楽器は7音階

の1音のみを奏でることから、演奏のためには全員による息の合った協力が不可欠で、このときも学生たちの集中力には普段の授業ではなかなか見られないものがあり、ミスなく演奏を終えたときにはクラスの全員が大変盛り上がった。まさにハンズ・オンで実物の「モノ」に触れて能動的な体験をすることは、心や頭をも刺激して動かしていくマインズ・オンにつながる学習であるということを教師としてもあらためて実感させられた。

　LAセミナーでの草の根プロジェクトの授業では、そのほかに事務室での授業なども行われており、いずれもまず実物に触れて、それを通した能動的、主体的体験学習がキー・コンセプトとなっている。2010年代後半に入り、大学教育においてもアクティブ・ラーニングが取り入れられるようになったが、本学の草の根プロジェクトでは、それ以前からこうした手法が採用・実践されてきたのである。

　そして、このハンズ・オンからマインズ・オンへもつながる教育プロジェクトが、グローバル時代にあって多文化共生が社会的課題となるなか、学内のみならず地域社会においてもその教育支援に大きく貢献していることは、まさに「国際人の育成」を教育理念に掲げている本学にとっても大いに誇るべきものであるといえるだろう。

第3章

大公開！草の根プロジェクトの
ワークショップメニュー
〈ヒト編〉

メニュー⑥
留学生と学ぶ世界のいろんな
当たり前とカルチャーショック体験

Tanoshii workshop

「じゃんけんぽん」
私の言葉でこう言うよ！
身近な文化をくらべてみよう！

留学生の話を聞くだけじゃない！
体を動かして出会う世界

　学校にゲストがやってきて何かを教えてくれる授業では、講義形式で進められることが珍しくありません。講義だけでなく、大きなスクリーンに写真や動画を映し出すなど、視覚を通じて伝えるさまざまな工夫が可能です。しかしながら、学習者は座って講師の話を聞くことに集中することになります。

　このワークショップでは、そうした講義形式と異なり、多数の参加者を対象にしつつも、全員が留学生からの問いかけを受けて考え、意思表示をできるような工夫をしています。たとえば、留学生によるクイズについては p.114 でも詳しく紹介しているように、居場所やじゃんけんなどで一人ひとりの考えを表してもらいます。**図 3-1** は、留学生や子どもたちが手をつないで輪になり、全員で協働して内向きになったり、外向きになったりするアクティビティです。

　留学生からの問いかけや一緒に取り組む活動によって、自分なりに考え、表現する機会を用意することで、一人ひとりの参加を保障し、世界を広げる機会とすることを目指しています。

どんなことをするワークショップ？

　このワークショップでは、留学生の故郷の家庭や学校での生活習慣を日本と比較します。学習者にとって身近だと考えられる題材をクイズに仕立て、全員が参加できる活動的なアクティビティとして実施します。単に知識を得るだけでなく、その場にいる全員（学習者、教職員、留学生）が参画し、「聴く」と「協働」を実践することで学びを得ることを目指します。

このワークショップのプログラム

①イントロダクション

　学習者の年齢・発達段階に合わせ、エデュケーターは「聴く」ことと「協働」についてわかりやすい言葉とイラストなどを用いながら導入します。対話を通

【図3-1】④アクティビティ【協働にチャレンジしてみよう】
留学生と子どもたちで手をつなぎ輪を作るアクティビティ。全員が手をつないだまま さないよう気をつけながら外側を向いたり、内側に向き直ったりします。モンゴルからの留学生に教えてもらったアクティビティです。

して学習者一人ひとりが考え、参加・参画の意欲を高めて活動に入れるよう、エデュケーターはやさしく（優しく・易しく）丁寧に語りかけます。

②アクティビティ【留学生の自己紹介】

　はじめに、留学生による自己紹介を行います。その際、これから話される言語や内容などについて、学習者には事前に知らせません。留学生は、自身の母語で名前や出身、好きな日本文化（食べ物・料理、漫画やアニメーションなど）について話します。

　不意に日本語ではない言葉で語られ、多くの学習者は一瞬きょとんとします。それは、おそらく日本語で話されると思っていたからでしょう。しかし、イントロダクションで「聴く」ことに対する理解と意欲が高まった状態にあるため、一生懸命に耳を傾けていた学習者のなかには、「なんとなく聞こえた」と、留学生が語った好きな日本文化を聴き取ることができる学習者もいます。そのような学習者の反応を受け、留学生は同じ内容をやさしい日本語であらためて話します。

【図3-2】①イントロダクションの部分で使用するスライド
聴くことと協働することを意識しながらアクティビティに取り組もうと学習者に声をかけます。

すると、その留学生の好きな日本文化を両言語で聴き取れたことになります。

　学習者は自分が真剣に聴いたことで、背景の異なる初対面の留学生のことを知ることができたと実感することができます。このとき、学習者のなかでは個人としての留学生に対する興味・関心や親近感が一気に高まります。ファシリテーターは、学習者の聴き方をよく観察し、視線や表情、うなずきやあいづちなど具体的な良い点を、自己紹介が終わるたびに学習者に伝え、次へとつなげていきます。

③アクティビティ【学校文化比較＆カルチャーショッククイズ】

　留学生は、日本と留学生の故郷の文化を比較するクイズを出題します。クイズ形式で文化を紹介することで、学習者は文化の多様なあり方や異なるものの見

【図3-3】②アクティビティ【留学生の自己紹介】
ファシリテーターと留学生が対話しながら進行します。自己紹介もワークショップの文脈に沿った自然な形になり、学習者は耳を傾けやすくなります。

方・考え方などに触れることができます。

　問題は、学習者の年齢・発達、実態や背景に応じたトピックです。そのため、毎回さまざまな問題を留学生はエデュケーターと考えます。たとえば、学習者が小学生の場合には、彼らにとって最も身近で関心が高い学校生活のなかにある文化を取り上げます。また、小学校高学年から中学生以上が学習者の場合は、自分とは異なる立場・視点から物事を捉えることができるため、留学生が来日して経験したカルチャーショックのエピソードをもとにした問題を出題します（**図3-4**）。

　このクイズは、学習者全員が参加できるよう工夫しています。そのため、留学生が問題に続いて提示した選択肢から各自で正解を予想し、一斉に全員が意思表示をします。その方法例は、学習者が回答エリアへ一斉に移動して意思表示する方法（**図3-5**）、じゃんけんを応用して一斉に回答を表現する方法などがあります（**図3-6**）。学習者の人数・会場・活動時間などの条件・状況に応じて、これ

【図3-4】③アクティビティ【学校文化比較＆カルチャーショッククイズ】の例

ジェスチャーや手の形で表すサインなどは、文化によって意味するところが異なります。これは、親指と人差し指を直角に広げた状態で、中国からの留学生によれば数字の「8」を表します。

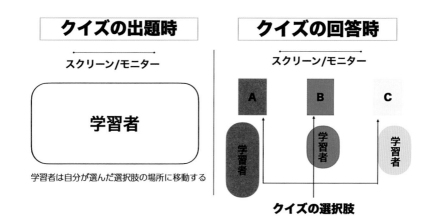

【図3-5】クイズの答え方の例① 場所の移動

A ～ Cまでの選択肢ごとに場所を割り当て、学習者が考えた答えの場所に移動することで答えを発表します。

【図3-6】 クイズの答え方の例② じゃんけん
学習者がじゃんけんを使って答えているところ。選択肢をグー・チョキ・パーとすることで、
留学生の「じゃんけんぽん」の掛け声に合わせて自分の考えを表現します。

らの方法を検討します。このアクティビティのポイントは、学習者同士は相談し
ないというところにあります。年齢や学年が上がるほど、自分の思いや考えを言
葉にして表現することに抵抗を示す傾向があります。しかし、学習者は自由に考
え、一斉に自分の考えを表現することで、自然と全員が参加することができます。

このクイズは、全員の参加により展開する活動に仕立てることで、学習者が自
然にかつ楽しみながら参加できるようにデザインしています。学習者は、留学生
の問題に耳を傾け、このアクティビティが楽しく円滑に展開するよう協働します。
留学生それぞれに学習者が関心を持ち、聴く力を伸ばしてきたところで、全員
参加型のアクティビティを行います。それは、「協働」の要素も組み込んだアク
ティビティです。

④アクティビティ【協働にチャレンジしてみよう】

学習者は、留学生とともに実際に身体を動かすアクティビティに挑戦します。

【図3-7】④アクティビティ【協働にチャレンジしてみよう】の例
どうすればよいのかわかりやすく伝えるため、学習者がチャレンジする前に、留学生が実演します。

　たとえば、留学生の母語によるじゃんけんゲームや留学生の母国の身体を使った遊びなどです。学習者の人数、活動場所・時間、学習者や現場の実態、参加する留学生など、その時々の条件に応じて選択します。

　たとえば、留学生の母語によるじゃんけんゲームでは、まず留学生がそれぞれの手の形が何を表わしているのかを日本のじゃんけんと比較したり、じゃんけんのかけ声を紹介したりします。その後、留学生と学習者全員が参加し、勝ち抜き戦のじゃんけん大会を行います。これは、学級ごとに分かれたり、学年全体で進めたりすることができます。

　また、留学生の母国の身体的な遊びも体験します（**図3-7**）。これは、特別な道具や能力を必要とせず、すぐに理解してできる遊びです。個々で楽しむ遊びではなく集団遊びで、なおかつ他者との関わり合い（相互作用）や協働がおもしろさや難しさを生み出すような遊びを用意しておきます。ここでは、「聴く」ことや「協働」を学習者が意識して、「参加」と「体験」できるよう、アクティビ

ティのはじめにエデュケーターが促します。活動の進行中は、留学生もアクティビティの参加者としてともに活動し、学習者に直接働きかけます。

⑤振り返り

　ワークショップ全体を振り返ります。アクティビティにおける学習者の活動の様子を、エデュケーターや留学生から学習者へフィードバックします。そのなかで「聴く」と「協働」の大切さをあらためて共有し、今後の学校や日常の生活においても実践するよう伝えます。また、国や地域などについてよく知る「ものしり博士」である前に、まずは一人の人間として相手を捉え、「聴く」と「協働」で真に理解しようとできる「人間博士」を目指そうとさらに投げかけます。

　ワークショップ終了後、学校の場合、学習者は学級で草の根プロジェクトで用意した振り返りアンケート（選択／記述式）を活用して振り返ります。学習者自身が「何をしたか、何があったか（経験・出来事）」、そのとき「何を感じたか（感情）」、そして「何を考えたか、気づいたか（思考）」に学習者が意識を向けて振り返ることができるように働きかけるものです。このアンケートは、学習者の年齢・発達段階に応じて表記や問いを調整しています（ほかのメニューでもアンケートは基本的に同様です）。

このワークショップで期待される効果

　留学生自身のことや故郷で身につけた習慣などについて、活発なアクティビティを通して知ることで、人や文化の多様な在り方を認識することを目指します。そのために、このワークショップでは、留学生を「〇〇国の人」としてではなく、「一人の個人」として捉えることが出発点になります。

　留学生は自ら学んできたこと、経験したことを学びのリソースとすることで自信を持っていきいきとワークショップに参加することが可能となります。学習者の側もそうした留学生と出会うことで「その人について知りたい、わかりたい」という思いが芽生え、その言葉の一つひとつに耳を傾ける意識や動機が高まります。

　このように双方がポジティブに向き合うことで、互いに伝えたい動機や、知り

たい好奇心が噛み合い、このワークショップは効果的なものとなります。

　草の根プロジェクトでは、留学生が参加するワークショップであっても、全体を通して日本語で行います。多くの学習者を前に、日本語で話すのは留学生にとって少なからぬ心理的な負担を伴う場合もあります。そのため、学習者には日本語が母語ではない留学生によるコミュニケーション全体に注目し、共感的に耳を傾けることを促します。

　このワークショップの効果を高めるためには、ワークショップ実施前に留学生の氏名や出身といった背景を事前に学習者へ伝えないことがポイントです。依頼者である学校／社会教育の教職員などの担当者にも、留学生についての詳細な情報を伝えず、その意図を十分に説明し、理解の共有をはかります。
「先行学習として留学生の『国』調べを行ってから交流日を迎える」という学習方法はよく見られます。しかし、その場合、留学生と出会う時点で学習者の頭のなかは「〇〇国」でいっぱいになっています。すると、留学生を一人の人間としてではなく「〇〇国の人」として捉えていしまい、「聴く」ことへの理解や実践の姿勢が引き出せなくなってしまいます。

　そのため、留学生の国や地域についての調べ学習については、留学生とのワークショップを終えた後の発展学習として位置づけることをすすめています。学習者が「聴く」と「協働」に学習の主体として取り組んだ結果、「〜さんのことをもっと知りたい」という学習者の根源的な能動性のもとで調べ、学習するほうが学習ニーズや学習動機としては、より自然で強いものになるでしょう。

留学生と学ぶ世界のいろんな当たり前とカルチャーショック体験⑥

 主な対象 小学校高学年以上

 所要時間 45〜60分

このワークショップでは、留学生が故郷の家庭や学校の日常生活における習慣を日本と比較したり、来日後の生活におけるカルチャーショック等を参加型の活動を通して紹介します。単に知識を得るだけでなくその場にいる全員（留学生と学習者、教職員の方）が参画し、「聴く」と「協働」を実践することで学びを得ることを目標とします。

❶ イントロダクション

エデュケーターが小さな学習者にもわかりやすく多様な世界の姿と、背景が異なる人とともに生きる力として必要な「聴く」こと「協働」することの大切さを紹介します。そしてこのワークショップのなかで実践しよう、とモチベーションを高めます。

❷ 留学生の自己紹介

留学生は、はじめに母語と日本語で名前や出身、好きな日本文化などについて自己紹介します。外国語を聴いた学習者は、一瞬きょとんとします。しかし、日本語を聞くと自分も聞き取れていたことがわかります。これはまさに「聴く」の実践で、親近感と興味関心を高めます。

> 留学生のみんなも僕らが好きなものを好きなんだね！

❸ 学校文化比較 & カルチャーショッククイズ

日本の学校における文化を留学生の母国とクイズを通して比較します。また、留学生が来日して経験したカルチャーショックをクイズによって伝えることで、文化の多様なあり方・見方を紹介します。

> わたしたちの学校と比べてみると同じこと、違うこと両方あるんだね！

❹ 全員でチャレンジしてみよう！

実際に身体を動かして全員が参加するアクティビティにチャレンジします。内容は留学生の母語によるじゃんけんのゲームや、一人ひとりの参加が必須の「協働」するアクティビティです。

❺ 振り返り

ワークショップ全体を振り返ります。アクティビティにおける学習者の活動の様子をエデュケーターや留学生からフィードバックし、異文化コミュニケーションにおける「聴く」と「協働」の大切さを確認します。

青梅市国際理解講座での草の根プロジェクトによるワークショップを振り返って

青梅市国際理解講座・事務局　田中　眞

　私たちと桜美林草の根国際理解教育支援プロジェクトとの関わりは、2015（平成 27）年に始まる。

　同年春、中学校教員を定年退職後、私は本講座の事務局となった。その初仕事が、年間 20 回分の講座のプログラムづくりであった。各回の「文化講座」の講師を探すため、「国際理解教育」をキーワードにインターネット検索をかけ、手当たり次第にホームページを閲覧して回った。そこで「当たり」の感触を得たのが、このプロジェクトのホームページだった。

　早速、草の根プロジェクトに伺った。淵野辺駅からのバスの車内の桜美林大学生諸君の国際色豊かで穏やかな雰囲気が印象的だった。さらに岩本先生と清水先生にお会いし、異文化理解のための豊富な資材・資料を拝見して、あらためて正式に講師をお願いした。

　はじめの 2 年間は年に 1 回、「留学生と学ぼう！」のテーマの下、両先生と 4 名の留学生をお迎えした。留学生お一人おひとりの名前から工夫を凝らした紹介をしていただいた。みな、出身国名を冠して「〇〇人」として受け止めるのではなく、個々の名前を持ったお兄さんやお姉さんとして留学生と向き合うことができた。

　さらに、それぞれの留学生が来日当初のカルチャーショックをクイズ形式で紹介していただいた。自分たちが普段「当たり前」としていることも「文化」が異なれば大きな驚きになることを、受講生たちは新鮮な気持ちで捉えられた。

　2017（平成 29）年からは年に 2 回、お出でいただけるようになった。はじめに「体験して学ぶ国際理解」が加わって、異文化の「モノ」を受講生同士の「協働」作業を通して体感できるようになった。そして、「留学生と学ぼう！」へとつながっていった。

2019（令和元）年からは、極力、年度のはじめにお出でいただけるようにした。受講生たちに「仲間意識」が生まれることとその後の講座に臨む心構えを確立する大きな礎となるからである。

　2020（令和2）年には、折からのコロナウィルス感染症拡大のため、はじめての「オンライン講座」を行った。目の前の「実体」ではないものの、資料となるボードゲームの進め方や、留学生お一人おひとりの表情がスクリーンに映し出されることで、より明確に受け止めることができた。新たな可能性が開かれた講座だった。

　その後、エジプト考古学に携わる方の講義のなかで、現地の人たちと協同作業をするにあたっては「自分のなかの『当たり前』を捨てなければならない」という言葉に接して「やはり！」と思った。

　今後もこの年2回の講座が、その後の受講生たちの講座や異文化理解に向かう姿勢の通奏低音になることを大いに期待して、引き続きの交流をお願いするところである。

メニュー⑦
留学生のライフヒストリー
ワークショップ

いろんな人生の歩み方があるんだ！
「ほかの人がそうするから」じゃなくて
『自分で考える』ってこういうことなんだ！

異文化で育った先輩のライフヒストリーを
聴いて語って触発される

　自分が育った国とは異なる国に渡り、その国の言葉で学ぶ。「留学をする」ということはその人にとって大きな決断といえるでしょう。このワークショップの最も重要な部分では、本学で学ぶ留学生が、留学を起点に自分自身の歴史である「ライフヒストリー」を学習者に語ります（図3-8）。

　主な対象として想定している中高生から見ると、留学生は少し年上の先輩です。今日の留学生の多くは小さな頃からさまざまな形で日本文化に親しんでいますが、それぞれの環境におけるさまざまな出会いを経て、本学で学ぶに至っています。学習者がとくに共感するのは、留学生が同じ年代のときにどのようなことを考え、それがどう今につながっているか、というところではないでしょうか。語りが始まると学習者は自然に引き込まれ、留学生の声に耳を傾けようとする心のモードに切り替わっていきます。

　このワークショップの目的は決して海外留学をすすめるものではありません。留学生の語りに耳を傾けることで、多様な生き方があるということに気づき、自らの進路を考えるうえでのヒントを提供することを目指します。

どんなことをするワークショップ？

　本プロジェクトのメンバーである留学生が、日本への留学を起点にこれまでの歩みとこれからを語ります。少し年上の先輩である留学生が、なぜ異文化に飛び込む留学を決断したのか、今何に取り組み、何を目指しているのか。多様な人生の在り方を異文化からやってきた留学生との対話から学びます。

このワークショップのプログラム

①イントロダクション

　このワークショップは、単なる国際交流や異文化理解を目的としたものではありません。目の前の留学生を一人の人間として捉え、そのライフヒストリーを聴

【図3-8】④アクティビティ【ライフヒストリーをグループで聴く】
「わたし年表」を手に語る留学生。

きます。多様な人の多様な学び方・生き方に触れ、そこから学びを得ることがそのねらいです。しかし、講演会形式のように、「留学生が話し、学習者は黙って聞く」というものではありません。学習者が受身で非協働的にならないよう、学習者一人ひとりが最大限の「聴く」姿勢で臨むことを促し、それをかけ合わせた「協働」を始めに呼びかけます。

　ここでは、学習者が積極的に考え、参加の意志を持って活動が始められるように、エデュケーターはやさしく（優しく・易しく）丁寧に語りかけます。その後の留学生のライフヒストリーを聴く座談会に向けて、対話の雰囲気づくりを行います（図3-9）。

②アクティビティ【自己紹介＆学校文化比較クイズ】

　留学生は自己紹介を交え、自身の故郷の身近な生活文化や来日後に体験したさまざまなカルチャーショックをクイズ形式で紹介します。学習者は、留学生に

【図3-9】①イントロダクションから③アイスブレイキング・グルーピングにかけて全体の活動からグループ単位に活動に移行し、緊張感を解きながら留学生を学習者と結びつけていきます。

よって提示された選択肢から各自で予想し、一斉に全員が意思表示をします。これはメニュー⑥のクイズと同様です。

　このアクティビティでもポイントになるのが、学習者同士で相談しないということです。このワークショップの学習対象となるのは、主に中学生や高校生といった思春期の子どもたちが中心となります。他者を尊重しようということが頭では理解できる発達段階にあります。一方で、他者を気にして、ありのままの自分や考えを表現することを避けたがる傾向にあります。その結果、自ら考えることをせず、周囲に（とくに多数派に属して）同調してしまうということも考えられます。

　このアクティビティは、「誰もが思いや考えを持ち、それを表現する」「自分とは異なる思いや考えの持ち主がいることを認識する」「皆が互いに自他をありのままに受け止める」といったことを学ぶ場でもあります。

【図3-10】④アクティビティ【ライフヒストリーをグループで聴く】
留学生が一方的に話すのではなく、学習者に問いかけ、感想・質問のやりとりをすることで対話ができるよう心がけます。そのため、留学生は語り手としてだけでなく、ファシリテーターの役割を果たすことにもなります。

③アイスブレイク・グルーピング

　留学生を含む参加者全員で、心身の緊張をさらに解きほぐし（アイスブレイキング）、協働的な関係づくりを促進します。特別な道具や能力を必要とせず、全員が簡単に理解して、短時間でできるアクティビティ（例：誕生日順に並んで1つの円を学習者がつくる「バースデーチェーン」と呼ばれるゲーム）を行います。また、この後の留学生のライフヒストリーを聴く座談会の小グループもこのタイミングでつくります。

④アクティビティ【ライフヒストリーをグループで聴く】

　アイスブレイクのゲームでつくったグループに分かれ、車座になります。留学生も含めたグループのメンバー全員の顔が見え、互いの声が届くような距離感をつくることがポイントです。いわゆる「座談会」です。留学生1名に対して学習者らが向かい合う座り方だと、講演する人／される人、あるいは、質問する人

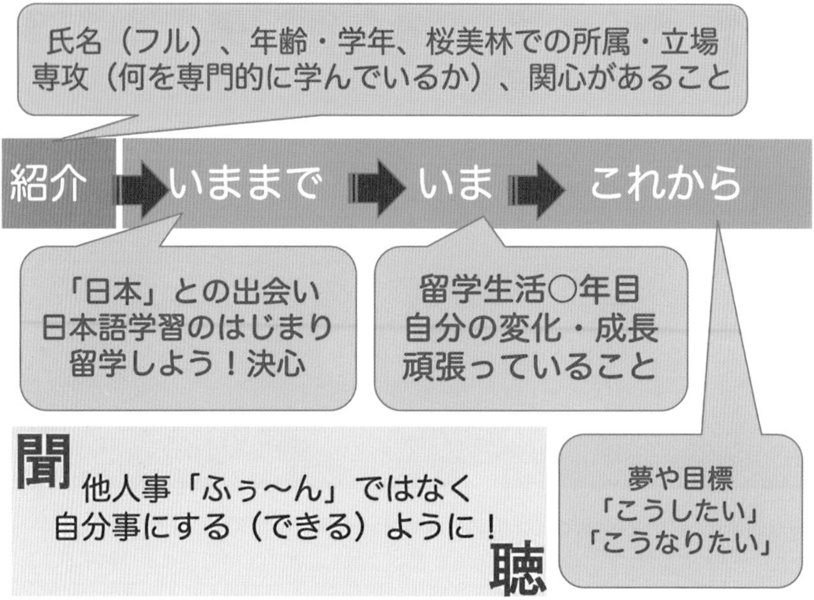

【図3-11】④アクティビティ【ライフヒストリーをグループで聴く】の枠組み
学習者に対しても留学生とどのように向き合うかを共有します。全体的な流れを踏まえることで、学習者も留学生もコミュニケーションに集中できるようにします。

／答える人といった関係性や雰囲気に傾いてしまい、協働的な「対話」から遠ざかってしまいます。

　留学生は、自身の中学・高校生時代から現在に至るまでの出来事や経験をまとめた資料を学習者に提示しながらライフヒストリーを語ります（図3-10）。この資料は、言語（日本語）だけでなく、図表・イラスト・写真など視覚的な材料も取り入れ、学習者の「聴く」と理解を助ける工夫を凝らして作成します。

〈ライフヒストリーのトピック例〉
・母国での高校時代の学校生活
・初めて日本文化に触れたのはいつ？　どうやって？

・なぜ日本に留学しようと？

・大学でどんなことをしているのか？

・これから何をしていきたいか？

　このアクティビティは、ワークショップの時間とグループ数によっては、複数名の留学生のライフヒストリーを聴くことができるように、2 〜 3 回程度入れ替える場合もあります。日本人の中学・高校生に合わせた語りや資料を準備するために、エデュケーターが留学生それぞれを支援しています。留学生が一方的に話し、学習者に聞かせているのではなく、折々で学習者に問いかけたり、学習者が遠慮せず発話できるよう、疑問や質問に応える準備をしています（図 3-11）。

⑤振り返り

　ワークショップにおける体験、自身が抱いた感情、自らが得た気づきなどを、全体で丁寧にじっくりと振り返ります。最初は緊張気味であった学習者も、一連の活動を終える頃には柔らかな表情に変わっています。実施側の留学生やエデュケーターとの間にあった身体的な距離も縮まり、会場からは一体感のようなものが感じられます。学習者が自分の思いを自然に発することができる穏やかな空気です。このように、学習者にとって心理的安全である環境になって、はじめて学習者は自分のなかにあるものを表現することができます。

　しかし、ここでは、それぞれの感想や各グループでの座談会の報告を、なんとなく漠然と求めることはしません。エデュケーターは留学生とともに、ワークショップでの出来事・体験と、そのときどきに自身の内面で起こった感情や思考を問いかけながら、学習者と振り返りを一歩ずつ進めていきます。

　また、クライアントの先生方に総括を述べてもらうようなこともしません。先生方は、学習者とは異なる発達段階で、まったく別の人格を持った人間です。そのような個人の大人の主観を提示することになってしまいます。それは時として、学習者の主体的な振り返りを阻害するものとなり、ワークショップでのさまざまな体験と気づきの深まりへのステップが絶たれてしまう場合があります。

　つまり、このワークショップでの振り返りにおいて、学習者にはあるがままの

自分を、自分自身で振り返ることがポイントです。そして、それを言語化して声に出して表現する場を提供することが大切だと考えています。言葉が十分でなく浅いコメントのように感じられるときは、エデュケーターが問いかけて掘り下げたり、言葉を補って言語化を手伝ったりします。個々の振り返りを言語化することは、他者と共有して互いに深め合うことにつながるからです。

さらに、終了後にはアンケート形式のワークシートで振り返ります。この部分は、各クラスでの発展学習として取り組む計画としており、担当の先生方とあらかじめ理解を共有しています。学習者がこのワークショップでの体験と気づきを深めること、自分自身をじっくり見つめることがねらいです。

ワークショップの振り返りでは、留学生から見た活動中の学習者の様子、そのとき自身が感じたこと、一連の活動を終えて考えたことなどを学習者に伝えます。学習者は、他者から見た自分たちの姿（他己評価）、自分が向き合った相手に与えた影響（相互作用）を知ることができます。そうすることで、学習者は多角的・複眼的に自身を見つめる機会になります。

このワークショップで期待される効果

このワークショップでも、まずは留学生を「〇〇国の人」としてではなく、「一人の個人」として捉えることが出発点になります。一人の個人として向き合うことで、「その人について知りたい、わかりたい」とする思いが芽生え、その言葉の一つひとつに耳を傾ける意識や動機が高まります。そのため、事前に学習者にも学校／社会教育の担当教職員にも留学生について伝えず、その意図を十分に説明し、理解の共有をはかっておきます。

そのうえで、このワークショップの意図である「多様な人間の多様な学び方・生き方を知る」ということを十分に理解することが重要です。この理解が学習者の学びを大きく左右します。

留学生のライフヒストリーに耳を傾けることによって、「外国人」としての捉え方にしばられず、今同じ地域で大学生として学ぶ「少し年上の先輩」として向き合うことができるようになります。そして、留学生のこれまでの学び、育ちの軌跡に触れることによって、自分自身との共通点、相違点を見出すことで共感し

たり、新たな気づきにつながります。

　このようなライフヒストリーという人格の根本的な部分を通した関わりは、新たな視点を獲得したり、変容を促すインパクトのあるものといえるでしょう。担当の教職員も自身の教育観を振り返ったり、新たな考え方を得たりすることができ、その後の生徒理解や生徒指導にも活かされることが考えられます。

留学生のライフヒストリー ワークショップ⑦

主な対象 中学生以上

所要時間 60〜90分

本プロジェクトのメンバーである留学生が、日本への留学を起点に、これまでの歩みとこれからを語ります。少し年上の先輩である留学生が、なぜ異文化に飛び込む留学を決断したのか、今、何に取り組み、何を目指しているのか。子どもたちが進路を考えるヒントになるでしょう。

❶ イントロダクション

ワークショップを実施するエデュケーターが自己紹介を行い、活動の趣旨や内容を全員で共有します。

❷ 自己紹介＆ 学校文化比較クイズ

留学生が自己紹介を交えて、自身のふるさとの文化や日本に来てからのさまざまなカルチャーショックをテーマにしたクイズを行います。クイズは全員が参加し、選択肢を選ぶ形式で行います。

❸ アイスブレイク＆ グルーピング

留学生を含めて、全員一緒に緊張を解きほぐすゲームを行いながら、ライフヒストリーを聴くグループをつくっていきます。

学校生活にいろんな違いがあっておもしろい！

❹ ライフヒストリーを グループで聴く

❺ 振り返り

ワークショップを通して気づいたこと、考えたことなどを全体で共有しします。

グループごとに車座で座り、留学生が事前に用意した視覚的な資料を活用しながら、ライフヒストリーを語ります。その間に適宜、質疑応答も行います。

📖【ライフヒストリーのトピック例】

・母国での高校時代の学校生活
・初めて日本文化に触れたのは？
・なぜ日本に留学したか？
・大学でどんなことをしているのか？
・これから何をしていきたいか？

留学生にいろんな話をしてもらって、いろんな生き方があることを教えてもらいました

クローズアップ！　草の根プロジェクト実物資料コレクション5
「ジンバブエのかご」
かごの中心部は細く裂いた枝が垂直に組み合わされています。

「私は、□です。□って呼んでね。
あなたの名前も教えて！」

メニュー⑧
留学生と一緒にチャレンジして
学ぶ「聴く」と「協働」

Tanoshii
workshop

留学生と子どもたちがワークショップで
異文化コミュニケーションに挑戦！

　このワークショップでは、学習者と留学生がグループで協働してアクティビティに取り組みます。提示される課題に対して、グループのメンバーがそれぞれの感覚で得た気づきやアイデアを対話によって共有し、解決に取り組みます。

　基本的にすべてグループ単位で取り組んでいきますが、グループ内にはさまざまなギャップが存在します。たとえば、言語によるコミュニケーションです。ワークショップでは日本語を用いますが、留学生が話す日本語は、日本語を母語とする大人が話す言葉とは異なります。同じように、子どもたちが話す日本語も留学生が学んできた日本語とは異なります。

　このようなギャップを越え、参加する子どもたちと留学生がアクティビティを楽しみながら異文化コミュニケーションを経験します（図3-12）。こうした活動は、仲間の存在が不可欠であり、一人ひとりの取り組みが相互に作用して影響を与え合います。その日、参加したメンバーだからこそ得られる唯一無二の経験といえるでしょう。

どんなことをするワークショップ？

　このワークショップでは、留学生と学習者がグループで世界の遊び道具を活用したアクティビティに取り組みます。そのプロセスで言語や年齢、背景の異なる参加者全員が楽しみながら異文化コミュニケーションを実践します。多種多様な遊びを通して協働的に異文化を体験し、「聴く」ことと「協働」することの大切さ、おもしろさを学ぶことを目標とします。

このワークショップのプログラム

①イントロダクション
　学習者の年齢・発達段階に合わせ、エデュケーターは「聴く」ことと「協働」についてわかりやすい言葉とイラストなどを用いながら導入します。「聴く＝自

【図3-12】④アクティビティ【世界の遊び道具体験】
インドネシアのコマの回し方を留学生から聴き、回そうとする子どもたち。

分の力のたし算」、「協働＝みんなの『聴く』のかけ算」という理解を共有したら、この2つを学習者とファシリテーターとして参加する留学生の「みんなの目標」として掲げ、ともに実践しようと働きかけます。対話を通して学習者一人ひとりが考え、参加・参画の意欲を高めて活動に入ることができるよう、エデュケーターはやさしく（優しく・易しく）丁寧に語りかけます。

②アクティビティ【留学生の自己紹介】
　メニュー⑥や⑦と同様、はじめに母語と日本語で留学生による自己紹介を行います。このワークショップでは、とくに密接に学習者と留学生がコミュニケーションをはかりながら、アクティビティに取り組みます。そのため、ファシリテーターは学習者の聴き方をよく観察し、視線や表情、うなずきやあいづちなど、具体的な良い点を丁寧に学習者へフィードバックすることで次のアクティビティや留学生とのコミュニケーションおける自分の姿勢に意識を向けるように促します。

【図3-13】③グルーピング＆アイスブレイクの背の順並び
背の順に並んだ子どもたちと学生スタッフ。体を動かしながらお互いをよく見て、言葉を使わず、目線・表情・ジェスチャーを駆使します。発話を控えることで、この後は逆に「話したい！」という気持ちを高める作用もあります。

③アイスブレイク・グルーピング

　この段階で行うアクティビティは、大きく分けて2つあります。そのいずれも「聴く」ことと「協働」に取り組むものです。また、この後の留学生とのグループワークに向けたアイスブレイクとグループづくりもその目的としています。

　1つ目のアクティビティは、学習者だけでチャレンジする協働のアクティビティです。たとえば、言葉を発さず、身長順に整列するゲームがあります。異学年の学習者が参加している場合は、学年別に集合してから身長順に整列します。学習者は集合や整列する際、手や指を使って学年を伝えあったり、手招きをして仲間づくりをしたり、非言語による方法を駆使してコミュニケーションをはかります（図3-13）。

　整列するには、ほかの学習者と互いに見合い、さらに別の学習者の手を借りながら背比べをしなければなりません。自分が誰かに助けてもらったら、今度は自

【図3-14】③グルーピング＆アイスブレイクの名前つなぎ自己紹介
学生スタッフが手本となって自己紹介を始めます。さらに、安心してこの後の活動に入っていけるよう、学習者の様子を見ながら声をかけサポートします。

分も誰かを助け、学習者同士で助け合いながら一列に並びます。この過程で、学習者は必然的に視線を合わせます。そして、背比べのために身体的に距離を近づけることで、徐々に心の距離も縮まっていきます。

　この間、留学生や補助スタッフとして参加している日本人学生は、基本的には静かに見守っています。学習者の頑張りやよい働きかけに対しては、拍手やジェスチャーで褒めたたえることで、さらなる協働を促します。

　整列が完了したところで、エデュケーターは学習者をグループに振り分けます。学習者はエデュケーターから伝えられたグループ番号をよく聴き、先ほどのように非言語によるコミュニケーションを使って仲間と集合します。留学生にもグループを割り振り、仲間に加わります。

　グループのメンバーがそろったら、2つ目のアクティビティ「名前つなぎ自己紹介」を行います（**図3-14**）。車座に座り、メンバー全員の顔を見て、大きな声ではっきり自分の名前を伝えます。次の学習者は「〇〇さんの隣の△△です」と

【図3-15】④アクティビティ【世界の遊び道具体験】
触察伝言ゲームで触察したり、観察したりした子どもたちは、「実際に遊んでみたい！」という気持ちが高まっています。そうした気持ちに応えるアクティビティを設けることで、体験がより活発化します。そのプロセスで相互に遊び道具を比較し、多様性に気づきます。

名乗ります。このように、自己紹介を全員で積み重ねることでグループ内の緊張感を和らげ、アイスブレイクをしていきます。学習者は留学生やほかの学習者の言葉に耳を傾け、さらに自分も他者に伝わるような話し方を意識的に実践することで参画していきます。

　なかなか難しいタスクであるため、失敗したり、どうしても恥ずかしくて堂々と話せない学習者がいることもあります。そのような状況に遭遇したら、どうしたらよいかを留学生とともに学習者は考え、互いに支援するよう促します。このように、「聴く」と「協働」を意識することで、チームビルディングがなされるアクティビティとなります。こうしたプロセスを経て学習者と学生スタッフでグループを構成し、これ以降のワークショップに取り組んでいきます。

④アクティビティ【世界の遊び道具体験】
　学習者はグループリーダーである留学生とともに、世界各国のコマやけんだま

【図3-16】⑤アクティビティ【留学生と遊び道具をつくろう】
草の根プロジェクトが用意した材料を使って、ワークショップ中に体験した遊び道具を模した
工作に挑戦します。学習者はガイド役の留学生とコミュニケーションしながら自分の作品づく
りに取り組みます。また学習者同士が教え合ったり、手伝い合ったりするよう協働を促します。

などの遊び道具を体験します。会場内に「小さな遊びの博物館」をつくり、留学
生がリーダーとなってグループ単位で各展示をめぐる体験ツアーを展開していき
ます。展示にはエデュケーターとサポート役の日本人学生も加わり、グループに
よる体験を支援します（図3-15）。

　各遊び道具の展示では、留学生が遊び方をガイドしたり、必要な手助けを行っ
たりしながら、皆で楽しみます。同時に、学習者同士の教え合いや助け合いなど
の関わりが盛んに行われます。このような活動のなかで、学習者は異文化の遊び
道具をともに楽しく体験しながら他者との関わり合いを重ね、関係性を深めてい
きます。また、グループの仲間との対話や協働も自然に実践します。

⑤アクティビティ【留学生と遊び道具をつくろう】
　草の根プロジェクトが保有する世界の遊び道具を模した工作にグループで挑戦
します。グループリーダーの留学生は、学習者に作り方を説明するガイド役とな

ります（図 3-16）。学習者は留学生の説明に耳を傾けながら、作業の仕方をじっくり見ます。わからないことや困ったことがあれば、留学生に質問したり、サポートを求めるよう学習者に促します。留学生と学習者、さらには学習者間でコミュニケーションを重ね、助け合うことで、学習者は自らの作品を完成させます。ワークショップ後も楽しみながら活動を振り返ることができるよう作品は各自持ち帰ります。

⑥振り返り

　各自の作品を互いに見せ合います。作品は学びの成果物です。成果物は、学びの過程の積み重ねを可視化することができるツールでもあります。学習者全員の作品を視覚的に確認し、協働の工作にチャレンジできたことを全体で振り返ります。

　そこから、アクティビティを一つずつさかのぼってプログラム全体を振り返っていきます。各活動で「何をしたか、何があったか（経験・出来事）」、そのとき「何を感じたか（感情）」、そして「何を考えたか、気づいたか（思考）」を問いかけます。この際、時間や会場設備などの条件的に可能であれば、ワークショップを通して撮影した写真をスクリーンに投影します。視覚的に自分たちの活動の様子を振り返ることができます。さらに、エデュケーターや留学生による気づきも学習者に伝えると、具体的で説得力が増し、学習者の学びが促進されます。

　そのほかの留学生と行うワークショップと同様に、「聴く」と「協働」の大切さを最後にあらためて共有します。今後の学校や日常の生活でも実践するとともに、「人間博士」を目指そうと、さらなる学びへとつなげられるよう働きかけます。

このワークショップで期待される効果

　このワークショップの最大のポイントは、学習者と留学生の協働です。言語・文化的な背景、年齢・発達段階が異なる学習者と留学生が仲間となって、これまで紹介したような名前つなぎの自己紹介ゲーム、未知の遊び道具の体験、体験した遊び道具を模倣したオリジナルの工作など、さまざまな協働のアクティビティ

にチャレンジします。その一つひとつの活動において、留学生とのリアルなコミュニケーションが繰り広げられ、その過程で「聴く」ことを学習者は実践することになります。

　また、学習者と留学生の間だけでなく、学習者の間においても協働がなされます。社会教育の講座として実施する場合、学習者同士も初対面でお互いを知らないことがほとんどです。このワークショップは、そうした他者との関係構築やその過程における「聴く」といったコミュニケーションを実践する機会を数多く盛り込んでいます。

　このワークショップは、留学生と学習者が協働するアクティビティを中心に構成していますが、さらにもう一つのポイントは、世界各地の遊び道具（実物資料）を留学生とともに体験できることです。世界の遊び道具は、文化の多様性に触れる素材であると同時に、グループで一緒に楽しむことができます。これにより、コミュニケーションを活性化し、関係性の構築を自然な流れで無理なく促すことができます。

留学生と一緒にチャレンジして学ぶ「聴く」と「協働」⑧

Tanoshii workshop

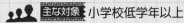 主な対象 小学校低学年以上

 所要時間 60〜90分

　このワークショップでは、留学生と学習者がグループで世界の遊び道具を活用したアクティビティに取り組みます。留学生一人ひとりの言語や年齢、背景の異なる参加者全員が楽しみながら課題解決に取り組むこと、異文化コミュニケーションを実践し「聴く」ことと「協働」することの大切さ、おもしろさを学びます。

❶ イントロダクション

エデュケーターが小さな学習者にもわかりやすく、多様な世界の姿と、背景が異なる人と共に生きる力として必要な「聴く」こと「協働」することの大切さを紹介します。そしてこのワークショップのなかで留学生と実践しよう、とモチベーションを高めます。

❷ 留学生ってどんなひと？

はじめに母語と日本語による留学生の自己紹介を行います。留学生の故郷の日常生活における習慣や学校生活など、学習者にとって身近な視点を通して見たい文化を参加型のクイズで紹介します。

留学生さんたちはどんな人たちなんだろう？初めて会うからドキドキする！

❹ 世界の遊び道具をチームで体験！

留学生とともに学習者が、グループごとに世界各国のコマやけんだまなどの遊び道具を実際に体験します。グループ内で留学生はもちろん学習者同士が教え合い、助け合いながら未知の遊び道具にチャレンジします。

❸ チームづくり

この後のアクティビティに取り組む学習者と留学生の混成チームをつくります。

留学生のお兄さん、お姉さんやグループの仲間と一緒にいろんなことができておもしろかった！

❺ 留学生とつくろう！

グループに分かれて、工作に挑戦します。留学生が学習者につくり方を伝え、互いにコミュニケーションを重ね、助け合いながら完成させます。作品は各自持ち帰ることができます。

遊び道具のほか、楽器をつくるプログラムもあります。

❻ 振り返り

学習者や留学生からの感想を聴くほか、ワークショップを通した学習者の活動の様子から、「聴く」と「協働」を実践していた様子をフィードバックします。

第4章

人材・実物を活かした学びづくりのヒント
草の根プロジェクトのアクティビティから考える

第2・3章では草の根プロジェクトが「ヒト」、「モノ」、「チエ・ワザ」を活用し、実践してきたワークショップメニューを紹介しました。これらは、ヒトやモノがあることを前提に、それらをいかに活用するかを考え、試行錯誤しながら蓄積してきたチエ・ワザのかたまりといえるでしょう。

　第1章でも紹介したように、私たちはアウトリーチ教育プログラムとして、依頼に応じ、これらのワークショップをクライアントの現場で実施することができます。もちろん実際には、草の根プロジェクトが訪問できる範囲には限りがあります。そこで、オンラインワークショッププログラム（第1章、p.44）であれば、ネットワークや機材などの実施環境さえ整えば、日本中・世界中で行うことができます。オンラインによるワークショップは、対面型にはないメリットがあります（遠隔地の学習者、ファシリテーターが参加可能になる、ネットワーク上の情報やサービスを活用しやすいなど）。

　しかし、私たちは、やはりヒト、モノの特徴は空間をともにする対面型においてこそ最大限に発揮できるものと考えています（対面—オンラインという二項対立で捉えるのではなく、対面型のワークショップにおいてオンラインを利用する手法もあります）。

　それでは、草の根プロジェクトから遠く離れ、物理的にアクセスしづらい読者のみなさんの場合、ワークショップメニューは、ユニークな素材を活用した特殊な一事例でしかないのでしょうか。そのようなことはありません。そこで、ここからは、ワークショップメニューで紹介したアクティビティをはじめ、多様な実践を通じて蓄積してきたチエ・ワザから、みなさんがご自身の手で実践する教育活動に役立てられるヒントを抽出して共有します。

　草の根プロジェクトに頼らずとも、読者のみなさんが身近にある人的・物的な教育リソースを開発し、自身の手で活かすヒントがあることを願っています。

ヒト（人的資源）を活かす視点と方法

　はじめに、「ヒト」についてはどうでしょうか。ここでは、とくにヒトが活用される機会が多い学校教育との連携・協力の実践を取り上げながら述べていきま

【図4-1】国際学生訪問ワークショッププログラムに臨むエデュケーターと留学生のチーム
一人ひとりが身につけてきたさまざまな力や個性、背景すべてが学びのリソースとなります。

すが、学校以外の教育現場の関係者や学びづくりに携わっている人にも十分役立てていただけることと思います。

　たとえば、学校教育の現場では、校外よりさまざまな人を招き、授業や学習活動を展開しています。学習者である学齢の子どもたちは、心身ともに大きく成長・発達します。そのような発達過程のなかで、保護者や学校教職員以外の多様な人に出会い、関わる経験は、子どもたちの学びと育ちに非常に大きな影響を与えます。

なぜ教育の現場には「外の人」が必要なのか

　さまざまな人の思いや考え、仕事や活動などの営み、社会的な役割や立場、個人の背景や特性など多様な人に直接出会うことで、自分たちの暮らしがどのような人々に支えられているのか子どもたちは気づくでしょう。さらに、多様性や共生、それを支える人権や福祉についても学習することができます。

　そこで、これまでの草の根プロジェクトの実践をもとに、ヒト（人的リソー

ス）の捉え方を紹介します。まず、石塚（草の根プロジェクト現代表・本学准教授）は、留学生を以下のように捉えました。

留学生自身も小中学生同様に「学び成長する存在」であり、日本という異文化のなかでどう自己実現していくか、そのために模索している存在

石塚2004：88

　これが草の根プロジェクトにとってのヒトのリソース観の基礎となっています。そのように考えると、ヒト（人的リソース）がモノ（物的リソース）と異なる点は、人格のある生きたリソースであり、誰もが唯一無二の存在であるということは明らかです。この原則を軸に、まずは自ら草の根プロジェクトに参加した学生の声を交えながら、ヒトを活かすための視点と活用の方法について考えていきましょう。

「英語は世界共通語であるから、英語の習得は重要です」とよく言われます。でも、英語ができれば、すべての異文化とあらゆる人々を理解できるのでしょうか。もし、そうだとしたら、たとえばアメリカの人は異文化理解の達人のはずです。しかし、さまざまな問題を抱えています。異文化／国際理解とは、言語の学習や習得だけではできません。

台湾・交換留学

　これは、今から10年以上前に活動したある留学生の言葉です。彼女は大変流暢に英語を話し、どこの国・地域の学生ともすぐに親しくなり、対話ができる関係性を構築するような学生でした。また、日本語力も大変高く、観光地の駅で観光案内のアルバイトをしていました。学外でもさまざまなことにチャレンジし、多くの人と交流し、日本社会にも参加していました。

　このような言語によるコミュニケーション能力が高い人を例にあげると、「やはり言葉は重要だ。国際／異文化理解には外国語の能力が必要だ」と思われるかもしれません。しかし、当の本人は疑問を抱き、「そうではないはずだ」とクリ

ティカルに考えていたのです。なぜでしょうか。それは、彼女が草の根プロジェクトの活動で各地の学校教育現場を訪問し、教育におけるリソースとしての位置づけや期待される役割を徐々に理解するなかで、外国人留学生の捉え方が見えてきたからです。

　草の根プロジェクトが活動を開始してから10年ほどは「子どもたちが英語を話す実践相手として、英語だけで話してほしい」というような依頼や要望がしばしばありました。英語力は自分自身の一部であると考えていたため、彼女は快くその期待に応えていました。彼女以外にも同じような学生や英語母語話者の学生もみんなそのようにしていました。留学生のほとんどは、日本の学校を訪問できること、日本の子どもたちと交流できることだけで嬉しく感じます。

　しかし、そこには自分の思いや考えを求められることはありませんでした。活動を構成する一人として「参加」するのではなく、その場で影響力を持つ相手の指示に従って「出席」している立場だということに気づき始めていたようです。

地域から掘り起こせ！「学びづくりの応援団」

　法務省によると、日本国内に暮らす外国人はおよそ290万人です（法務省「令和2年末現在における在留外国人数について」）。2020年から続くパンデミックの影響から、8年ぶりに前年末と比べるとその人数は減少しましたが、その国籍やルーツの多様性は変わりません。また、文部科学省の最新の調査では、日本の小・中学校、高校、および義務教育・中等教育・特別支援学校に在籍する子どものうち、51万人を超える児童生徒が日本語指導を必要としています（文部科学省「日本語指導が必要な児童生徒の受入状況などに関する調査（平成30年度）」）。

　彼らの国籍は外国籍だけでなく、日本国籍を持つ子どもも1万人以上います。そして、国籍やルーツ、母語などその背景は多様化しています。地域差はあるものの、どの自治体にも外国につながる人々がともに暮らしています。そのように考えると、学校内に外国につながる子どもがいることは珍しいことではありません。また、母語や母文化からすると、いわゆる「日本人」であっても、ある一定期間、異言語・異文化環境で生活したり、働いたりした経験がある人、今の仕事や活動の現場がそのような環境にある人もいるかもしれません。そのような保護

者や家族、あるいは地域住民は、最も身近な「学びづくりの応援団」になってくれる可能性を秘めているのです。まさに、学校の学びづくりの「人財」なのです。

　学校や社会になかなか参加できない保護者がいます。ほかの保護者とのつながりがつくれないで孤立している保護者もいます。外国につながる子どものなかには、そのような自分の親に対して、誇りを持てず、後ろ向きに思っている子どももいるでしょう。しかし、外国につながる保護者の力を借りて、学級や学年の授業や活動、学校行事などを創り上げることで、その学びを広げ、深めることができるのです。保護者の学校や社会への参加を後押しし、その子どもとの親子関係や家庭の状況を前向きなものへと支援することにもつながるでしょう。また、学校（教職員）にとっては、学びづくりの過程で保護者とコミュニケーションをはかる必要があるため、その保護者や家庭に対する理解が増し、結果として子どもに対する理解がさらに深まることでしょう。

ヒトは「ともに学び育つなかま」

　筆者は、学校教育をはじめ、家庭を含む地域社会の現場で、外国につながる子どもたちやその保護者・家族の指導・支援に携わってきました。さまざまな理由や事情により来日・滞在し、子どもたちは日本の学校へ就学します。保護者は働き、地域社会や日本経済を支えています。子どもも保護者もみなそれぞれさまざまな思いを抱きながら、日本で学び育ち、生きているのです。こうした外国につながる家庭の学生は本学にも在籍しています。そのなかには本プロジェクトの活動に携わる者もいます。そのアイデンティティは、日本人学生でも外国人留学生でもありません。ある日系ブラジル人3世の学生が本プロジェクトでの活動を通じて得たことを紹介します。

自分はブラジルでも日本でも「外国人」。どこへ行っても、いつも私は外国人でした。「自分はいったい何者なんだろう。中途半端な人間だ」。ずっとそう思って生きてきました。この活動はやりたくて参加してみたけれど、実際、私には何もできない。ブラジルのことも日本のことも、特別なことや伝統的なことができるわけではない。そう思っていました。でも、「私のことをありのまま伝えること

で、人の役に立てるんだ。私だからできることがあるんだ」と気づきました。

　日本では、国籍や出身国・地域、あるいは民族などで「この人は○○人」といったくくりで人を捉えてしまう傾向がさまざまなところで見られます。しかし、世界にはそのような基準で自分のアイデンティティを語ることが難しい人もいるのです。この学生の言葉は私たちにそのことを気づかせてくれました。

　さらに、「○○人」としてではなく、「『わたし』という人間」として社会・集団に参加・貢献したいという思いを持って生きているのだという重大なことを、私たちに投げかけているのではないでしょうか。誰もが唯一無二の人間であり、その「わたし」を大切にしてほしいという思いや願いは、すべての人間に共通するものではないでしょうか。

「～大使」のような存在として外国につながる人を招き、その国・地域「らしい」もの・ことを「○○文化」として紹介してもらうという役目を、留学生に期待することも決して悪いことではありません。そのような活動に喜びや誇りを持ち、いきいきとその役割を果たしてくれる人もいることでしょう。ただ、「外国につながる人（外国人）＝言語・文化大使」という凝り固まったアイデアに頼り続けることは、人権・福祉・共生といった現代的課題にもとづく教育活動を真に進める最善の方法ではありません。むしろ、後退させてしまう可能性もあるということをお伝えしたいと思います。

　せっかく異なる背景の人をゲストに招くのであれば、国・地域の大使や講師、あるいは調べ学習をもとにした発表の聴き手、質疑応答のコメンテーターといったような役割などを頼むのではもったいないと思いませんか。そのような役割は、その人でなければならないのでしょうか。もしかすると、そのような役割を依頼した教職員や学習者の期待通りに役目を果たせない人もいるかもしれません。

ヒトとの出会いから始まる「一期一会」の学び

　高度情報社会の今日、世界中のありとあらゆる情報はインターネット上にあふれています。専門的な人から一般市民まで多様な人々によって日々さまざまな情

報が発信されています。常に最新のグローバルな情報へ容易にアクセスすることができる環境に生きています。学校教育においても情報教育が進められ、小学生であってもコンピュータを使った学習が行われるようになって久しくなりました。さらに、このコロナ禍にあっては、各地の自治体では「一家に1台」あるいは「子ども一人に1台」のIT端末を配布し、通信環境の整備を進める動きが広がっています。オンライン化により、子どもから大人まで時空を超えて地球上のいろいろな「わたし」を通じて、各地の人々の暮らしぶりを垣間見ることができるのです。

　貴重な時間を自分たちに提供してくれるゲストに対して、一人の人間として敬意をはらって大切に思うのであれば、「その人だからこそできる」ことをしてもらえるような、「一期一会」の学びの場をともに考えてはどうでしょうか。その人らしさが活かされた学びは、血の通ったいきいきとしたものになることでしょう。それは学習者の心を揺さぶります。そして、学習者がさまざまなことに気づき、多くのことを考えるきっかけとなるはずです。ゲストにとっては、そのような学習者の姿が何よりもの収穫であり、彼ら自身にとっても新しい学びとなります。

　このように、ゲストにとっても学習者にとっても、そして教職員にとっても、みんなにとってよりよい学びを協働的に創り上げるためには、企画・準備の段階におけるゲストとの丁寧な対話が必須です。互いに耳を傾けて、合意形成を模索していく努力がそれぞれに求められています。

私は母国で社会活動をしていました。留学して日本に来ても社会的な活動をしたいと思っていました。それができてよかったです。

モンゴル出身・短期交換留学

外国人や留学生とは、「助けてもらう人」「教えてもらう人」など何かをしてもらう、与えてもらう存在だと留学するまで思っていました。だから、私も留学生として日本に来たのだから、日本ではそういう存在だと思っていました。でも、自分が留学生としてできる活動をして、「外国人でも留学生でも、日本の子どもた

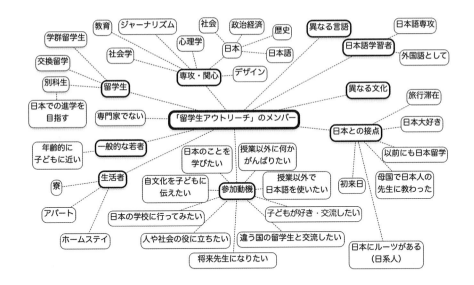

【図4-2】草の根プロジェクトの活動に参加する留学生の動機・背景・属性をまとめたマップ
(清水2015：248)

留学生という言葉でまとめてしまうと忘れてしまいがちですが、一人ひとりが個別の人格を持つ存在であることがわかります。

　ち、日本の人たち、日本の教育の役に立つこともできる」ということがわかりました。私は考えが変わりました。

韓国出身・短期交換留学

　この2名はまったく別の時期に在籍していた留学生ですが、彼らの言葉から気づかされることが2つあります。一つは、外国人であっても留学生であっても、一人の市民として社会へ参加・貢献したいという思いを持っているということです。このような思いは、人間としての根源的な望みではないでしょうか。

　もう一つは、「留学する（＝外国人になる）ことによって諦めなければならないことがある」というような考え方、もっと言ってしまうと「思い込み」が普遍的に存在しているのではないかということです。もちろん母国と変わらず、自分

【図4-3】「留学生のライフヒストリーワークショップ」（p.124）で自分自身について語る留学生

一人ひとりの人生の歩みは、まさにその人にしかない物語です。自分自身のことだからこそ、語るための材料はすべて自分のなかにあり、深く内省して準備することで語る側にとっても新たな気づきを得たり振り返る機会となります。

が思うように自身のアイデアや能力を最大限に発揮することは容易にいかないかもしれません。

　しかし、「外国人」や「留学生」というのは、その人の一側面であって、図4-2のように一人ひとりが異なる背景、個性を持っているのです。外国人留学生という新たな自分の側面を手に入れたからこそ、母国ではできない自分にしかできないことを新たに見出すことができたのでしょう。

　外国人留学生の声を取り上げながら、ヒト（人的リソース）の捉え方や活かし方について述べてきました。しかし、個としての自分、あるいは一市民として社会に参加・貢献したいという思いは、人間本来の思いであり、あらゆる人々に共通するものでしょう。社会的な弱者や少数者といわれるような人々、障がいや困難があり、他者の配慮や支援を得て生きている人々も、社会のために自分だから

できることをしたいし、社会に参加・貢献したい。障がいや困難は自分の一部であり、すべてではない。「わたし」を見て知ってほしい。誰もがそう思って生きているのではないでしょうか。

　子どもたちや教職員にとって、ともに暮らす地域の仲間こそが学校教育の支援者になります。その仲間の「ありのままのまるごと」つまり、その人らしさを活かし、自分たちのためにその人だからできることをいきいきとする姿を目の当たりにしたとき、子どもたちの心は大きく強く揺さぶられることでしょう。メニュー⑦のライフヒストリーの語りはその際たるものといえるでしょう（図4-3）。

ヒトは子どもにも大人にも気づきを与える

　1980年代半ば以降、日本の学校教育は「地域に開かれた学校」へ、そして、「地域に根ざした学校」へと歩みを進めてきました。さらに、2000年代より今日まで、「地域とともにある学校」を目指し、家庭（保護者）や地域社会（地域住民や社会教育の施設・組織など）との連携を模索し続けています。変化が激しく、多様で複雑な社会・世界における、子どもたちの生きる力を育むためです。

　このような「地域とともにある学校」をつくるため、学校と地域社会が協働のパートナーとして歩むことが、今日の大きな課題です。このような課題意識を、学校教職員は家庭や社会とともに持つことが求められます。課題とそれに対する意識を共有しなければ、子どもたちの生きる力を育む協働の学びづくりは、実現されないでしょう。

　その際、ここまで繰り返し述べてきたように、「ヒトは人格のある生きたリソースであり、誰もが唯一無二の存在である」ということが共通の土台にあることが絶対不可欠です。そのうえで、異なる現場・立場・背景の人たちが互いに心を寄せ合い、丁寧に対話を重ねることが協働の第一歩です。協働とは、対話によってのみ生み出されるものだからです。

　このような共通理解は、学校教育を異なる視点から見つめ直すことを促してく

れます。教職員一人ひとりや学校全体の教育活動を客観的・批判的に省察する自己点検の視座ともなります。教職員の価値観は、学びづくりの理念・方針に大きく反映されます。学習カリキュラムや授業／活動案、自身の振る舞いや働きかけを俯瞰して見ると、その教職員自身がヒトをどのように捉え、どのような意図をもって、どのような位置づけをしているかが見えてきます。そのヒトを一人の人間として真に理解し、尊重しているかどうかが見えてきます。

　教職員自身が、個としての自分、あるいは、学習支援者（教育者）としての自分を振り返る。ヒト（人的リソース）とは、教職員にとって、自己理解や学びの変革のチャンスを与える存在ではないでしょうか。結果として、子どもの学び育ちを支える大人にとっても、生きる力を育むことにもつながると考えられるのではないでしょうか。

モノ（物的資源）を活かす視点と方法

　次に、実物を教育資源として活用するための捉え方と、草の根プロジェクトのワークショップから応用可能なアクティビティについて紹介しましょう。はじめに、モノを活用したアクティビティを考える上でのヒントとして、高橋（2005）から4つの視点を紹介します。

1.　体験の感覚相を拡大するように使う―ただ観察する（視覚相の体験）のみでなく、実際に触ってみたり（触覚相の体験）、動かしたり、使ったりしてみる（筋肉運動相の体験）。また、場合によっては、音を鳴らしてみたり（聴覚相の体験）、味わってみたり（味覚相の体験）することが重要である。

2.　注意を集中させる（新しい気づきや発想を促す）ように使う―ただ漫然と観察するのみでなく、ポイントを定めた観察や、教師による適切なフィードバックの存在が、学習者の集中力を高める。とくに工作という活動は，注意力の集中と緻密な観察を助長する。

3. 複数のモノを組み合わせて使う―数によって異なる利用法の工夫

①単独での使用　新しい（異文化の）モノを体験し、新しい体験から異文化への
　気づき、自文化の自明性の見直し（既存の認知の枠組みへのチャレンジ）が期
　待できる。

②2つ（あるいは少数）のモノを比較する―類似点の発見、相違点の発見、両者
　の関係づけなどが可能である。

③多くのモノの（通文化的）比較・分類・関係づけをする―人類は多様であるこ
　とに気づき、同時に、類似性／共通性に気づくことも期待できる。すなわち、
　関係づけとさまざまな一般化（解釈）への試みである。

④一つの文化に関する多くの物を関連づけ、総合的に体験してみる―豊かな厚み
　のある感覚経験を獲得し、具体的なイメージの形成を助ける。

⑤さらに人間（外国／異文化からのゲスト）と併せて相互作用的に利用する―学習
　対象文化に関するさらに強く豊かな体験と明瞭なイメージの形成が可能である。

4.　自己像の拡大と見直しを促すように使う―異文化の服装や装身具を身につ
け，鏡や写真で「異文化の自分」を見てみる。あるいは，友達同士でふだんとは
違う姿を観察・コメントし合う。とくに民族服の利用で効果的である。

高橋2005：255-256

　ワークショップメニューで紹介したさまざまアクティビティは、これらの視点
を含むものであることがおわかりいただけるのではないでしょうか。

　たとえば、1の「体験の感覚相を拡大するように使う」は、モノを使うアク
ティビティすべてに当てはまります。どのアクティビティでも最終的にはモノに
触れる経験を含みます。そのときには、ただ手にのせる、表面に触れてみるだけ
でなく、さまざまな方法や感覚を使った体験を織り込んでいます。

　また、メニュー③の楽器の音クイズでは、個別の感覚に集中する工夫を取り入
れています。はじめに聴覚に集中して楽器の音を感じ取り、その後視覚的に集
中して楽器を観察します。さらに、クイズの後には、楽器を実際に手に取って音
を出します。このように、同時に複数の感覚を使うのではなく、段階的に感覚を

【図4-4】「世界の実物資料を使って学ぶ多様性と協働」(p.94)の触察伝言ゲームで使用した世界の遊び道具

このようにランダムに並べられた資料群を何の目的もなく見ても「変わったモノが雑然と置かれているな」と思われるかもしれません。しかし、問いかけを受けてから向き合うことで見方が変わります。「仲間が伝えたかったものはどれだ?」と考えながら見ることで、モノの細部にまで注意が行き渡ります。

切り替えて体験することで、好奇心や探究心をより強く引き出すこともできるでしょう。

　これはメニュー⑤の「触察伝言ゲーム」も同様です。最初は一方のグループ（触察係）が触察に集中し、伝言を聞いたもう一つのグループ（発見係）は視覚で触察されたモノを探し出します（図4-4）。互いに感覚を限定されることで、体験が研ぎ澄まされ、感覚のズレによる情報のギャップがグループ間のコミュニケーションを活性化します。

　これらのアクティビティには、2の「注意を集中させる（新しい気づきや発想

を促す）ように使う」も含まれています。このようなアクティビティにおけるモノの視覚的な経験は、モノをただ眺めるときとはまったく異なります。

　そのほかのアクティビティでもさまざまな問いかけや課題によって、学習者のモノに対する注意を喚起します。メニュー②では、「どうすればこのコマを回せるだろう？」、メニュー③では、「どうすれば、アンクルンで合奏できるだろう？」という問いが学習者の意識をモノとつなげます。「これはなんだ？　どうやって使うんだ？」と思わせるような問いかけで、異文化からやってきた未知のモノが、ワークショップを通じて学習者にとって自分事になっていきます。このように、モノの特徴に応じた工夫で学習者の意識を結びつけることで、いろいろなモノをワークショップで活用することができるでしょう。
　3の「複数のモノを組み合わせて使う」も多くのアクティビティに当てはまります。メニュー①では「展示体験ツアー」で分類して展示された多種多様な遊びをグループでめぐっていきます。メニュー⑤でも、多種多様な資料群をじっくりと観察して特定のモノを探し出したり、体験したりします。これは③に該当します。こうしたアクティビティによって数多くの遊びを体験するなかで自然と比較し、相互に関連づけたり、既知の遊びと共通点や相違点を見出すことができます。遊びというテーマで並列されたモノの体験を通じて多様性を各学習者が認識する機会となるでしょう。
　メニュー②の「コマの回し方を考えよう」では、①の単独での使用の特徴に該当します。世界各国のコマをグループごとに1種類ずつじっくりと観察し、回すために試行錯誤する探求的な活動に取り組みます。そこでは、学習者にとっての既知のコマと比較しながら回し方を推測することで、異なる発想に出会うことになります。

モノがなければどうする？①集めてみよう
～体験的に活かすためのモノ選びの視点～

　しかし、こうしたアクティビティは、世界各国から集めた実物資料がなければできない、とお考えの方もいらっしゃるでしょう。そこで、ここでは実物を教育

現場に持ち込む2つの手法を提案します。

　1つ目はみなさん自身の手で少しずつ実物資料を収集するという方法です。実店舗だけでなく、インターネットで情報収集することで、ユニークな店を探し出すこともできます。それでは、そうしたときにどのようなモノを探したり、選んだりすればよいのでしょうか。高橋（2005）は、アウトリーチ活動で使用する実物資料を選ぶ際に考慮すべき視点として以下の5つを提示しています。

1.　国家と結びついた「ハイカルチャー」ではなく、ごく普通の「生活文化」の品々。とくに学習者である子どもたちの日常的生活・世界のなかに容易に位置づけられるようなものが適する。たとえば、衣服、食器・調理用具、楽器、遊具、学校用品、などである。

2.　強い印象を与えるもの、学習者にとって新奇性のあるもので「驚き」、「不思議」の感情や好奇心を喚起するようなもの。

3.　子どもたちが直接手に持ってハンズ・オン体験ができるようなもの。壊れにくく、維持管理が容易なものがよい。

4.　できるだけ多くの感覚相に訴え、複合的な「体験」をつくり出せるもの。視覚、聴覚、触覚（手触り、重さ、硬さなど）、嗅覚、味覚、動感覚など、訴える感覚相は多ければ多いほどよい。

5.　比較や関係づけが可能なものであること。また可能になるように集めることが重要である。

高橋2005：256

　草の根プロジェクトはこのような視点に基づいて実物資料を収集していますが、なかでも力を入れているのが、ワークショップメニューの紹介で多数登場した遊び道具です。大林（1998）は人間と遊びについて以下のように述べています。

【図4-5】 世界の遊びと衣装の出張博物館のマンカラ展示
世代を超えて楽しむことで、異文化を共有し、世界をともに広げます。

遊ぶことはすでに霊長類のところでも行われている。チンパンジーの子どもが母
親の食物獲得活動の真似をしたりするのもその一つである。遊ぶことは人間のと
ころにも引き継がれ、大きな発達をとげた。遊ばない人間はいないし、みんな遊
んで大きくなり、また大人になっても何かの形で遊ぶときがある。

大林1998：i

【図4-6】「世界の楽器の音クイズとアンクルン合奏ワークショップ」（p.72）で使用した楽器
の一部

多種多様な楽器が世界にあります。素材・仕組み・音など、それぞれのユニークな特徴に着目して楽器を集めるのも良いでしょう。同時に、コレクションのなかに共通点と相違点も見出せるように意識して収集することができれば、それらの比較から多様性を見出せるようになります。

　遊びは人間に進化する以前からの根源的な活動なのかもしれません。これは、みなさんもご自身のこれまでの経験を通じて納得されることではないでしょうか。

　遊び道具は、視点1〜3にぴったりと当てはまるだけでなく、ただ遊んでみるという使い方に加え、ワークショップメニューで紹介したアクティビティで活用することによって、人と人とを結びつける「接着剤」のような効果を発揮させることもできます。大学生を対象としたワークショップでも、遊び道具を活用したアクティビティでは、まだ互いによく知らない間柄でも、次第と表情にほころんでくる様子が見られます。世界の遊びと衣装の出張博物館プログラムでは、世代を問わず、多くの大人も関心を示し、親子で一緒に楽しむ姿が珍しくありません（図4-5）。

視点4では複合的・感覚的な体験について述べられています。たとえば、楽器は触覚に加えて聴覚を刺激する特性を活かすことができます。誰もが触れたことがある楽器といえば、学校にあるものや、習い事で練習するものなどがあります。また、そうした実体験はなくとも、日常的に触れる情報のなかで、多種多様な楽器が世界中に存在しているということを知っている人は、珍しくないかもしれません。しかし、知ってはいても、本物に触れたことがある、自分で音を出したことがある、という方はそう多くはないのではないでしょうか。

　楽器は叩いたり、振ったり、弾いたりと、学習者のアクションが音や感触として返ってきます。アクションを調節することで音は変化します。自分の手で音を出すことで、音と楽器の素材や仕組みなどについて考える機会ともなるでしょう（図4-6）。

　遊び道具や楽器などは、やはり多くの人の好奇心を刺激するのか、インターネット上には、それらを取り扱うオンラインショップがかなり見られるようになってきました。

　次に、モノを集める際の選び方という点で参考になるのが、視点5です。これは、集めるモノの間につながりを見出すことによって、活用の幅が広がることを示唆しています。たとえば、草の根プロジェクトでは、コマをいくつも集めています。メニュー②「コマの回し方クイズ」では、学習者がまだ知らないコマの回し方が題材の核になります。未知のコマが世界にあり、それに学習者が挑戦する、という構図です。学習者は「コマ」を通して世界のさまざまな文化につながるわけです。

　このように、特定の国や地域にのみ着目するのではなく、一つの視点から横断的に見渡すことによって、異文化間のつながりを見出すことができるのではないでしょうか。世界のコマ、けんだま、太鼓のように集めて見渡し、体験することで、世界が多様であることに気づくチャンスがつくれるのです。

　このように自ら実物を収集するという方法もあります。しかし、すべての教育現場でそれができるわけではないでしょう。そこで、次は、実物が手元になくとも可能なアクティビティについて紹介します。

【図4-7】手づくりのマンカラの作例

写真左右はスチレンの板に食品容器のカップを固定したもの。中央はスチレンの板をくり抜き、下面側に画用紙を貼り付けたもの。大量に使用する駒は、どんぐりや貝殻を拾い集めたり、おはじきやビー玉などを使用することができます。

モノがなければどうする？②つくってみよう！
～情報を集めてつくり上げるプロセスからも学ぶ～

　2つ目の手法は「自分でつくる」というものです。情報を入手する方法が豊富な今日、実物が手元になくとも、機能や装飾などある側面に着目すれば、工作で再現できるものがあります。たとえば、メニュー④で紹介したマンカラのような遊び道具は、子どもから大人まで一緒に楽しむことができるため、持ち帰ってからも継続して親しむことができます。こうしたボードゲームのような遊びは、本はもちろん、インターネットも活用して情報を収集すれば、身近な材料を工夫して再現することは十分可能です。なかにはテキストや写真だけでは理解が難しい場合もありますが、公開されている動画にも範囲を広げて情報を集めればかなりわかりやすくなるでしょう。

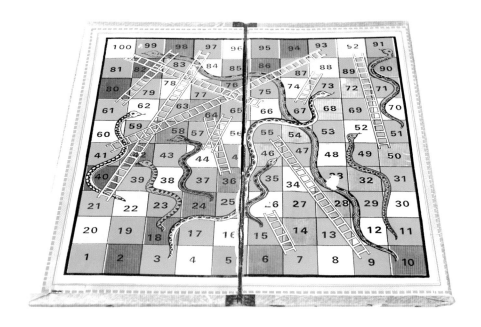

【図4-8】 へびとはしごの実物

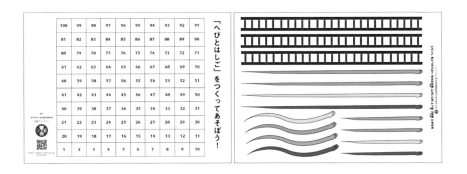

【図4-9】 草の根プロジェクトが制作したへびとはしごの工作シート
右のシートから切り出したへびとはしごを自由に左のシートにレイアウトしてオリジナルのへびとはしごをつくることができます。

＊マンカラの場合

　たとえば、マンカラをつくる方法として草の根プロジェクトでは、これまで2つの手法をとってきました（**図4-7**）。一つは、スチレンの板や段ボールを台座に、ヨーグルトなどの食品容器として使用されたカップを粘着テープや接着剤で固定する方法です。もう一つは厚めのスチレンや段ボールを円形にくり抜き、一方の面を画用紙などでふさぐという方法です。駒としては、拾い集めた貝殻やドングリ、おはじきなどを使うことができます。

　ほかにも、家庭で手に入る材料を創意工夫してつくる方法はいくつも考えられるでしょう。そこで、家や学校で手に入りそうな材料を吟味し、創り上げる方法を検討すること自体をアクティビティにできるのではないでしょうか。

　こうしたアクティビティを実践するうえで必要なことは、指導者側が自ら楽しみ、遊び方について習熟しているということです。自分の手でつくり、仲間と一緒に遊んでみるのが一番良い方法でしょう。

　さらに、たとえばマンカラのように、日本ではややマイナーでも、国境を越えて親しまれている伝統的なボードゲームなどの場合は、スマートフォンのアプリが公開されており、それらを参考にすることもできます。題材に近いアプリを探し、指導者が徹底的に遊んでみることで自分のものにすることができるでしょう。このように、複数の情報源を組み合わせて活用することで、ルールを把握するだけでなく、プレーヤーとして習熟し、教育活動における活用方法を考えるうえでのヒントを得ることもできます。これは、学びづくりに欠かせない教材研究の活動といえます。

＊へびとはしごの場合

　もう一つ、実物がなくとも再現しやすいのが、「へびとはしご」です。これは、インド発祥のすごろくです。基本的なルールは非常にシンプルで、「1」のマスを振り出しに「100」のゴールを目指します。ゴールまでのマスにはいくつもの「へび」と「はしご」が描かれています。へびの頭のマス目に駒が止まった場合には、へびの「しっぽ」のマス目に落ちてしまいます。逆に、「はしご」の下

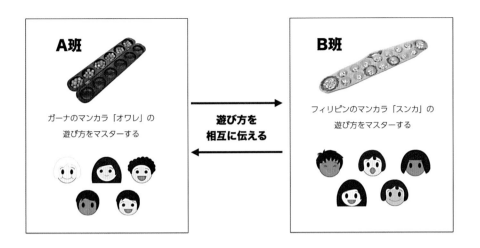

【図4-10】 マンカラの遊び方を教え合うアクティビティ
A班とB班はそれぞれ別のマンカラの遊び方を調べ、体験し、習熟します。その後、互いに自分たちが覚えた遊び方を相手チームに伝え、それぞれの遊び方でマンカラを楽しみます。さらに、ルールの共通性や相違性などについて考えます。このような一連の活動を通じて、協働に取り組みつつ多様性に触れる学習活動になります。

端のマス目に止まった駒は、はしごの上端のマス目まで上ることができます（**図 4-8**）。

　草の根プロジェクトでは、この「へびとはしご」も工作の題材として活用しています。1～100のマス目を印刷したプリントと、へびとはしごを描いたプリントを制作しました（**図4-9**）。へびとはしごを**図4-9右**のプリントから切り抜いて、左のマス目のなかに貼り付ければ、簡単にオリジナルのへびとはしごをつくることができます。この手法では、プリントとはさみとのりがあれば、すぐにとりかかることができ、駒とサイコロを用意すれば、できあがった作品はその場ですぐに遊べます。

　また、制作のプロセスを増やし、1～100の数字やへびとはしごを書き込むようにすることで、より手づくり感のあるものにできます。さらに、マス目に色を塗ったり、絵を描いたりするなどの装飾も楽しいものです。

題材が何であれ、実際にこうした工作に取りかかると、「これで完成だ！」という状態になるまで相当な時間がかかります。ワークショップのなかでは、そこまで全員一緒に体験することは難しいのですが、そうしたときには、「家に持ち帰り、材料を追加してさらに制作を楽しもう」と学習者に伝えます。こうして持ち帰った作品に子どもたちがさらに手を加え、「宝物」として大切にしている、というエピソードを聴く機会がこれまでにもありました。

作品を活かして何をする？
～遊びを通してつながるアクティビティ～

こうしたモノづくりのアクティビティで完成した作品を活用し、さらに別のアクティビティにも発展させることができます。たとえば、草の根プロジェクトでは、マンカラを活用し、異なる遊び方のルールを2つのチームが互いに教え合うというアクティビティを行っています。マンカラは、類似したゲームが世界各国・地域にあり、それぞれのルールで親しまれています。そこで、学習者がグループごとに異なるルールを調べ、実際に自分たちで楽しみ、それをほかのグループと互いに教え合う活動ができます（**図4-10**）。つくり上げたマンカラを活用した協働的な活動を通じて、文化の広がりや多様性を実感する機会とすることができます。こうしたアクティビティは、マンカラ以外の遊びでも可能でしょう。このように、多種多様な情報収集のツールを活用することで、自分たちの手で異文化につながる作品をつくり上げ、そのプロセスや体験を学びのリソースとすることが可能です。

モノがあるからできる！
～触覚を活かしてつながるアクティビティ～

最後に、必ずしも異文化につながるモノがなくとも行うことができるアクティビティとして、メニュー⑤にある触察伝言ゲームを紹介しましょう。これは、学習者にとって未知のものであれば、必ずしも明らかに異文化につながる資料でなくとも行うことができます。

たとえば、草の根プロジェクトでは、十二支の置物で触察伝言ゲームを行って

【図4-11】 十二支の置物
視覚的には、すぐに動物の置物とわかります。しかし、視覚を遮断した状態で触察すると、それが何か認識することは非常に難しいです。このように、扱うモノを似た素材や大きさで揃えると、とくに情報伝達の質が問われることになり、とてもおもしろくなります。

います。おそらく土産物としてつくられたこれらの置物は、視覚的には容易に12の動物を見分けることができます（図4-11）。しかし、大きさと質感は非常に類似しており、触覚だけでは、何を模しているのか判別することはなかなか困難です。見分けるための特徴を相手がわかるように伝言するには、より慎重に、より客観的な視点から言葉を吟味する必要があります。

　情報を受け取る側も、ただ伝えられる情報をなんとなく聞くだけではいけません。目的とするモノのイメージを明確にするためには、よく聴く必要があります。たとえば、より具体的な大きさを知るために手や体を使って尋ねたり、質感をより詳しく表現してもらうようにしてオノマトペや比喩を促したりします。つまり、聴き手としても働きかけながら伝え手とともにコミュニケーションを共創するのです。受け取った情報をもとに、具体的なイメージをつくり上げ、欠けている部分については質問して、さらに情報を得なければなりません。ルールや題材を変更することで難易度を調整しながら、それぞれの伝え方や聴き方を振り返り、よ

りよい方法を学習者と考えながら実践することで、協働的な問題解決に求められるコミュニケーションを練習するアクティビティとすることができるでしょう。

　このアクティビティで触察する側は、自身の触覚という、直接的な感覚体験を言語化して伝言することになります。そのため、これまで実施した際の学習者の様子を見ると、発話のハードルが低いように見受けられます。聴き手側も伝言が唯一の情報源であることから、必然的に集中して耳を傾けます。それまであまり交流のなかった間柄でも、このアクティビティが架け橋となってコミュニケーションが成立しやすくなるのです。チームビルディングやより複雑で抽象的な課題に取り組む際のアイスブレイク、ウォーミングアップとしても有効でしょう。このように協働的な活動を生み出すアクティビティは、必ずしも異文化につながる実物資料ではなくとも可能です。

　また、異文化とは外国文化のみを指すわけではありません。私たちは周囲を見渡すことで多様な文化を見出すことができます。日本国内、地域、学校や学級、そのほか身近な集団において、言葉・食べ物・生活習慣、価値観など、多様な在り方があることを認識できるでしょう。このように、自らの視点を相対化し、ローカルな領域において多様性を認識することは、文化の多様性を尊重する姿勢を育てる一歩となります。そのように考えてみると、私たちの社会における豊かな多様性を学ぶのに有効な実物資料は、みなさんの周囲からも見つけ出すことができるのではないでしょうか。ここまで紹介した事例やアイデアを参考に、読者のみなさんにもそれぞれに新たな教育リソースを見出し、自らの実践に活かしていただけることを願っています。

第5章

ワークショップとは
ヒト・モノを活かすための教育手法として考える

ここまで草の根プロジェクトのヒトとモノ、そしてそれらを活用したワークショップやアクティビティなどについて紹介してきました。

　ここからは、草の根プロジェクトのワークショップを支える理論的背景や実践を通じて得たノウハウをみていきます。「はじめに」や「序章」でも触れたように、草の根プロジェクトは、「ヒト」、「モノ」、「チエ・ワザ」を活用した教育活動による異文化間能力の育成を目標としています。第6章で詳述するように、異文化間能力は講義形式の授業だけでは育成することができません。そこで手段として有効なのが「ワークショップ」ではないかと私たちは考えています。「ワークショップ」という用語は、これまで何度も用いてきましたが、そもそもどのようなものなのでしょうか。

　そこで、この章では学習形態としての「ワークショップ」について考えていきましょう。はじめに、関連する学習理論やワークショップ研究を参照します。次にそれらを背景に試行錯誤しながら実践してきたヒト・モノを活かす教育手法としての「草の根プロジェクトのワークショップ」について整理します。

ワークショップとは

　私たちは「ワークショップ」という形態で教育活動を実践してきました。「ワークショップ（workshop）」とは学習方法（教授法）の一つです。その前提になる最も重要なことは、「学びの主体は学習者である」ということです。おそらく、多くの方が「学習者が学びの主体である」ということに何の疑問もなく、その通りであると受け止めるでしょう。しかし、それがどういうことかを説明するとなると、どうでしょうか。あらためて考えてみましょう。

正統的周辺参加

　学習者が学びの主体であるとは、学習者が何かを与えられる受身の存在として、その現場に「いる」のではなく、その活動や集団を構成する一員として、その現場に「働きかける」ということです。一言で表すと「参加（participation）」です。

　このような考え方は、レイヴとウェンガー（1993）の「正統的周辺参加

（Legitimate Peripheral Participation：LPP）」理論に大きく関係しています。LPP理論において、「参加」とは「実践共同体（community of practice）の維持に貢献している状態、あるいはその方向に向かって学習者が変容している状態にある」と考えます。学習者は実践共同体への参加を通して、その集団におけるアイデンティティを形成するとされ、そのアイデンティティ形成自体が学習であると捉えます。

ワークショップは、いくつかの体験的な活動によって構成されています。それらは学習者の参加によって成り立ちます。そのため、私たちのワークショップでは、アクティビティが個人作業で完結してしまうものとならないよう綿密に企画・実施しています。

アクティビティに取り組む過程で、学習者は「私はここで何をしたらよいだろうか、何ができるだろうか、どう働きかけようか」といった思考をめぐらせます。このような自己内対話をもとに、ほかの学習者やその場・状況に対して働きかけていきます。学習者は、互いの自己内対話を交流させるコミュニカティブな実践的活動を自分たちでつくり上げていきます。そこには、私たち実施者（学習支援者）の働きかけも含まれます。協働的なアクティビティとは、こうした学習者の対話によって実現するのです。

これが「実践共同体への参加を通じた、その集団におけるアイデンティティの形成」です。ワークショップが進行するなか、学習者は自身の内側に起こる思考、外側で展開される他者との相互作用、これらすべてを通じて変容していきます。このような過程自体を学習として捉えるのがLPP理論であり、私たちが学びづくりで大切にしている考え方です。それでは、このようなLPP理論を背景に、本プロジェクトの実際のワークショップに当てはめて考えてみましょう。たとえば、留学生をリソースとして活用する活動です。

留学生が学校教育現場を訪問し、自己紹介や出身国・地域についてスピーチして、参加者（児童生徒・教職員）はそれを聞く。これはよくある形態です。しかし、本プロジェクトのワークショップでは、ゲーム的要素を取り入れたアクティビティで構成しています。

例として、全員が参加するクイズのアクティビティを紹介します。留学生のふ

【図5-1】「留学生と学ぶ世界のいろんな当たり前とカルチャーショック体験」（p.110）
での全員参加のじゃんけん大会

留学生一人ひとりの母語によるじゃんけんの仕方を紹介し、実際に全員で体験します。誰でも簡単に参加することができます。声を出しながら手を出すじゃんけんによって一体感が生まれます。

るさとや身近な生活文化に関する出題に対し、学習者は一人ひとりが自身の身体で考えを表現します。その表現方法がポイントで、非常にやさしいものです。たとえば、留学生によって示された回答選択肢のスペースへ移動したり、じゃんけんのようなジェスチャーで示したりするなどです。これは学習者が自身の考えを表現する方法であり、学習者の参加を促進する方法でもあります（図5-1）。

このような工夫がない場合、すぐに回答を思いついた学習者やほかへの影響力のある学習者（たとえば声が大きい、主張が強い、その集団において発言力があるといった人）など、特定の学習者が全体に強く作用するような状況が起きてしまいます。その場合、すべての学習者が学びの主体になることが阻害されてしまいます。その点から考えると、私たちの方法は誰でも直感的にできるものです。

そのため、学習者みんなが対等な学びの主体となり、参加を保障する手立てにもなります。

　また、このような全員参加型のクイズを用いたアクティビティによって、「聴く」という意識が学習者と留学生の双方に芽生えます。エデュケーターは学習者に対し、「聴く」ことの意味や具体的な聴き方を伝えます。日本語が母語でない留学生に心を寄せ、彼らの言葉に耳を傾けるよう、学習者に寄り添いながらしっかりと働きかけるのです。すると、学習者の眼差しや表情に少しずつ変化が現れてきます。あたたかくて優しいなかにも、真剣さが増していきます。その表情からは、いろいろなものの見方や考え方をしながら、留学生の話を受け止めようという意欲や意識がうかがえます。

　留学生も「みんな、よく聴いてください」と積極的に学習者へ促していきます。すると、学習者はうなずきやあいづち、声や顔の表情などさまざまな方法で自身の思考をいきいきと表します。このような学習者のさまざまなアクションを留学生やエデュケーターは逃さず、そのすべてから彼らの努力を読み取り、さらに働きかけていきます。つまり、学習者と留学生の「対話」と「協働」によってアクティビティが成立し、展開されているのです。

　一方、留学生の講話を学習者が一斉に聞くような特別授業はどうでしょうか。留学生には学習者の感情や思考が見えづらいため、求められる心理的負担が非常に大きくなります。そして、留学生が一人でスピーチやプレゼンテーションをすると、一方通行で「交流」とはほど遠いものとなり、留学生にとっては難度の高い活動となります。つまり、学習者・留学生双方にとって、「同じ場にはいるけれど、『話す人』と『聞く人』という関係性になり、交わることのない活動」にとどまってしまいます。これが大きな違いです。

　ここまで、レイヴとウェンガーのLPP理論にもとづき、本プロジェクトのワークショップによる学びづくり、とくに学習者の「参加」に焦点を当てて考えてきました。

最近接発達領域

　さて、私たち草の根プロジェクトの学びづくりにおいては、さらにもう一

つ重要な考え方があります。それは、「最近接発達領域（Zone of proximal development：ZPD）」という考え方です。これは、ヴィゴツキーが構築した理論で、子どもの発達・学習と教育がどのような関係にあるかということに注目したものです。

　人間とはどのように「学習」していくのでしょうか。経験を通じて、知らなかったことやわからなかったことが「わかる」「できる」ようになる。このような知識や技術の獲得が一般的な解釈やイメージではないかと思います。これは「行動の変化」と捉える学習観で、「結果」に注目した考え方です。

　しかし、みなさんが自分自身を「成長したな」と思えるとき、あるいは「あの頃の私は○○だったな」と過去の自分を振り返って成長を認められるときとは、どんなときでしょうか。新しい知識・技術を習得できたときだけでしょうか。必ずしもそうではないと思います。なぜなら、私たちが自身の成長、つまり変容を考えるときというのは、その「過程」にも大いに注目しているからです。変容した結果以上に、過程に目を向けている場合も少なくありません。

　このように、「人間の学習とは何か」という学習観には、大きく2つあります。一つは「経験による行動の変化」という知識・技術の「習得」に注目した学習観です。それに対して、もう一方は「経験の過程」という「参加」に注目した学習観です。後者のような学習観は、「状況的学習論（situated learning）」と呼ばれるものなのですが、その起源といえるのが、この最近接発達領域（ZPD）理論です。

　私たちが何かを「わかる・できる」とき、どのようにして実現しているでしょうか。自分の力だけでその課題を達成するだけでなく、他者の存在によって達成することもあります。自力ではできなくても、他者の援助があればできることがたくさんあることを、私たちは知っています。たとえば、他者から教えてもらったり、手伝ってもらったりするなどの直接的な関わりを得て、課題に取り組むことがあります。また、他者を観察して、参考にしたり模倣したりするなどの方法で試行錯誤することもあります。このように、他者の存在そのもの、他者の直接的・間接的な援助、それによって生じる相互作用や協働作業のなかで、私たちの「わかる・できる」は達成されることがあります。

　ヴィゴツキーは子どもの発達において、この「わかる・できる」の領域に注目

【図5-2】「留学生と一緒にチャレンジして学ぶ『聴く』と『協働』」(p.136)の④アクティビティ【世界の遊び道具体験】
留学生や日本人学生がファシリテーターとして、子どもたちにコマの回し方を紹介し、グループ全員で体験します。学生と子どもの関わりだけでなく、子どもたち同士でも教え合いや助け合いなどを促します。

しました。課題・問題解決が可能なことには、自分一人でできること（現状の発達水準）、他者との相互作用や協働を通じてできること（潜在的な発達可能水準）、現状ではどのようにしてもできないことがあります。潜在的な発達可能水準にある課題や問題は、いずれ独力でできることへと変わっていくもの（明日の発達水準）であり、発達途上や成熟過程にあると捉えます。この部分はグラデーションのような階層的なゾーンです。ヴィゴツキーはここに注目し、教育的な意図のある働きかけを行うことが重要であると主張しました。

　それでは、発達のZPD理論について、本プロジェクトのワークショップに当てはめながら考えてみましょう。先ほどは、留学生と交流するプログラムに触れましたが、さらに、そこへ実物資料も投入し、より協働することを目指したプログラム、第3章のワークショップメニュー⑧「留学生と学ぶ「聴く」と「協働」」を取り上げます。

留学生から出されるクイズなどのアクティビティを通して、学習者は心身の緊張がほぐれ、参加度や「聴く」ことへの意識も高まってきます。ここから実物資料を活用します。より具体的に現場の様子がイメージできるように、ここでは学習者を小学校低学年児童（6〜9歳）としたワークショップでのアクティビティ④「世界の遊びをチームで体験」を例に見ていくこととします（図5-2）。

　リソースとして使う実物資料は、多くの子どもたちにとって、そこで初めて出会うであろうと考えられる珍しいコマです。留学生は自身のグループの子どもたちに対し、そのコマについて遊び方を伝えます。このアクティビティの目標は、グループの子どもみんながコマを回して遊べるようになることです。そのため、子どもたちは留学生の説明に耳を傾け、実際に手を動かしてやってみなければなりません。ただ、それは未知のコマで、自分たちが慣れ親しんでいるコマの回し方とは異なります。そのうえ、コマを回すには複数の作業の工程があり、両手を上手に使って行う作業が求められます。

　このアクティビティの過程で、それまで以上に「聴く」こと、他者への働きかけが活発に行われます。留学生の説明を聴くなかで、自分の理解を確認したり、再度説明を求めたりしようと、子どもたちは留学生に尋ねます。さらに、ほかの子どもがその質問に言葉を補い、留学生がわかるように伝えようとします。このように、彼らなりの地道なコミュニケーションがグループ内で展開されていきます。また、コマを回す作業においても、アドバイスや手助けを仲間に求めたり、逆に支援が必要な仲間はいないか目を配ったりするなどの協働が見られます。このとき、複数の子どもと留学生で成る集団のなかには、足場かけ（scaffolding）による学習が起きています。

　ここまでヴィゴツキーの最近接発達領域理論を背景に、子どもたちがワークショップの学習対象である事例をあげて考えてきました。この理論は、成長・発達が著しい子どもの学習についての概念ですが、児童・青年期から成人期へ移行する段階にある若者にも応用できるものと考えています。そのため、ポスト青年期から青年期初期の学習者が対象の場合でも、学習者同士の対話と協働を生み出すようなアクティビティをワークショップに組み込んでいます。なぜなら、私た

ち草の根プロジェクトは、人間の学習は他者を含む環境のなかで起こるものだと考えているからです。

　先述したように、学習観には「経験による行動の変化」という知識・技術の「習得」に注目したものと、「経験の過程」という「参加」に注目したものとがあり、後者は、「状況的学習論（situated learning）」と呼ばれるものです。ヴィゴツキーのZPD理論（認知心理学、子どもの学習）と、レイヴとウェンガーのLPP理論（文化人類学）は、ともに状況的学習論の代表です。これら2つの状況的学習論が、草の根プロジェクトのワークショップをはじめとする教育プログラムの開発や実践を支えています。

ワークショップの3つの柱

　草の根プロジェクトの学びづくりを支える理論的背景について、これまで述べてきました。次に、学びづくりの主体の視点から「ワークショップ」という学習方法・形態について理解を深めつつ、ワークショップという手法を用いた私たちの実践について掘り下げていきます。

　草の根プロジェクトは中野（2001）を参考にワークショップによる学びづくりをしています。

講義などの一方的な知識伝達のスタイルではなく、参加者が自ら参加・体験して共同で何かを学びあったり創り出したりする学びと創造のスタイルである。

中野 2001：11

　さらに、中野（2001、2003）は、ワークショップの共通要素として「参加」「体験」「相互作用」の3つをあげています。「参加」とは、学習者が学びの主体として参加することで成り立つ学びの場であること、「体験」とは五感を存分に活用して豊かな感情体験が伴う体験型の学びであること、「相互作用」とは学習者が言語／非言語的な方法を駆使しながら関わり合い、参加を通じて体験した感情や思考を互いに表現してわかちあう場であることです。これらは、ワーク

ショップを構成する3本柱といえます。

　このような学習者の「参加」「体験」「相互作用」を柱として学びづくりをするなかで、さらに重要なポイントであるのが「協働」です。「協働」とは同じ目的・目標や課題のために力を合わせて働く（活動する）ことです。「協同」と表記する語もありますが、それと異なるのは、「どのように集団・活動へ参加するか」という点にあります。

「協働」とは、集団を形成する人々が各々の背景などを活かして「私だからできること」をすることです。一人ひとりは、立場や背景が異なる「個」であるという前提のもと、集団・活動へ参加・参画するという考え方です。最初から用意された役割分担で活動するような「協同」とは異なります。これは、まさに草の根プロジェクトが目指す異文化間能力（第6章で詳述します）に含まれるものです。「協働」には、主体的・能動的な「聴く」というアクションが常に伴います。「聴く」とは、いわゆる「耳を傾ける」ことです。自分の見方や考え方は脇に置き、他者に心を寄せながら、聴覚だけでなく視覚やそのほかのあらゆる力（感覚・思考）を総動員させる行為です。

　草の根プロジェクトでは、ヒトやモノと学習者が相互につながり、「協働」が求められるようなアクティビティの開発に取り組んでいます。そこでカギとなるのが、学習者の知的好奇心を刺激して、ワクワク、ドキドキするような感情の動きを引き起こしながら、学習者が自らと結びつけて思考し、活動することができるような問いかけです。

　それにより、学生と学習者の間、また初対面の学習者間でのコミュニケーションが促され、対話が自然に展開されます。このようにして、学習者は他者と向き合い、相互理解や合意形成のためにさらに耳を傾けます。こうした一連の協働の過程を通じ、学習者が「聴く」ことと「協働」の難しさやおもしろさを感じつつ、その大切さに気づきます。

　このような学習活動において、重要なカギとなるのが学びづくりをする「ファシリテーター（facilitator）」です。草の根プロジェクトにおいては、筆者らエデュケーターとともに活動に携わる学生たちです。学習者にとってその存在・役割は、知識や技術の「指導者」、あるいは情報の「伝達者」ではなく、学習者の

【図5-3】 世界の遊びと衣装の出張博物館プログラムでファシリテーターとして活動する学生スタッフ

多種多様な遊び道具が活きるのは、ファシリテーターが学習者との間に介在するからです。状況に応じて、ときに遊び方を紹介するガイド、ときに遊び相手と、さまざまな役割で学習者を支援します。

学びを支援するものです（図 5-3）。教職員である筆者らエデュケーターと学生たちとでは、その役割が異なります。しかし、それぞれの立場から、「いつどのタイミングで、何をするか。誰／何に対して、どのように働きかけるか」といったワークショップにおける自身のファシリテーションを考えます。頭で考えるにとどまらず、実際の活動のイメージを描きながら、言葉や動きなどの働きかけを具体的に準備します。そして、この準備は個々ではなく、参加するメンバー全員で共有します。このような協働的な準備が、私たち草の根プロジェクトのワークショップをつくり上げるのです。

　そして、その前提である共通理解は「学びの主役は学習者」であるということです。そのために、学習者の「参加・体験・相互作用」、そして学習者間の「協働」、さらに協働を支える「聴く」ことを促すのが、学習者の学びを支援する「ファシリテーター（facilitator）」であるということです。このように草の根プ

【図5-4】「世界の遊びの出張博物館体験ツアーワークショップ」(p.52)
グループで協力してインドネシアの大型竹製コマを回した後、みんなで手をかざして風を感じています。本物があるからこそできる体験といえるでしょう。

ロジェクトでは、状況的学習論にもとづき、ファシリテーターの存在やその振る舞いのすべてが学習者の気づきに大きく作用するものと考え、学生たちとともに学びづくりに取り組んでいます。ワークショップという学びの場に集うすべての参加者（学習者とファシリテーター）が「学びの共同体」です。一人ひとりが、それぞれの立場から参加し、体験と気づきを共有しながら、各々が学びの主体として輝く。そのような学びづくりを目指しています。

モノをワークショップで活かす手法と視点

　草の根プロジェクトは、これまで紹介してきた理論的な背景を踏まえ、保有する教育リソースの特徴を活かした教育活動に取り組んでいます。モノの場合は、ハンズ・オンによる多くの感覚相に訴えかけることができるということが大きな特徴です（**図5-4**）。さらに、第4章で紹介したような考えを出発点に、モノを

体験を創り出す教育リソースとして最大限に活かし、コミュニケーションを誘発するアクティビティを開発、実践してきました。

それは、必ずしもアクティブ・ラーニングなどの理論的な背景をもとに考案したものではなく、モノを活用した問いかけによって、いかに主体的な参加を促すか、という異文化体験を創出するための試行錯誤の積み重ねであったといえるでしょう。

たとえば、世界各国の20種類以上の太鼓を自由に体験できる展示を地域のイベントで行った際のエピソードがあります。そこで子どもたちが音を鳴らそうと列をなして集まったのは、見たことがあるはずの和太鼓で、ほかの太鼓に触れようとする子どもは少なかったのです。これは、草の根プロジェクトの初期の実践において得られた知見の一つです。人は目新しく珍しいモノに惹かれ、体験可能なものとして展示されていれば、積極的に体験しようとする、と予想したところ、実際は必ずしもそうではないということです。

つまり、「意外なことに、子どもたちは用心深く保守的な学習者」（高橋2007a：45）なのです。それでは、実物資料をどのようにして体験的に活用すればよいのでしょうか。そこでカギになるのが体験活動を支援するファシリテーターによる問いかけです。どのような体験が問いかけによって引き起こされるのか、高橋（2007a：46）より引用して紹介します。

「ファシリテーターの『これはなんだろう』というひと言が、一つのものに生命を吹き込む。子どもたちの注意を集める。そして、『手に持ってよく見てみよう』、そして『これが何か考えてみよう』というクイズ形式の枠組みが設定されると、子どもたちはそのものを触り、手に取って動かし、細かな観察を始める。『これは軽い』『重い』『固い』『すべすべだ』『ざらざらだ』などなど、自分たちの感覚体験を言葉で表現して仲間と分かち合う。そのようにしてモノが体験されるのである。また、個人的な体験が共通の体験にもなる。『なんだろう、なんだろう』と一生懸命考える子どもたちは、その場で体験を、自分の記憶のなかにある既知の体験や知識と照合しているのである。そして未知のものを既知のなかに位置づけようと試行錯誤して探っているのである。最終的に答えがわかると、子どもた

ちは安心したように嬉しそうな表情を見せる。簡単ではあるが、未知が既知につ
ながり、一つの体験過程が完結するのである。このドラマを創り出す力こそが新
奇なものが持つ力である。」

高橋 2007a：46

　このように、ファシリテーターによる問いかけによって、展示されている実物
資料と学習者の関心が結びつき、学習者の体験が駆動されます。これは学習者が
自由に展示空間を移動し、体験できるハンズ・オン展示（世界の遊びと衣装の出
張博物館プログラム）における事例です。
　しかし、ワークショップのアクティビティでも同様に、学習者と未知の実物資
料、さらに学習者同士を結びつける動機の創出を意図しています。多くの場合、
アクティビティは学習者とヒトやモノを結びつける問いかけによって始まります。
問いかけは、好奇心を刺激するタスクであると同時に、学習者間に協働的な取り
組みを求めるものとなるように設定しています。タスクの解決には、観察、比較、
試行、伝達、傾聴など、多様な活動がそのプロセスにおいて求められます。その
プロセスにおいて得られる一人ひとりの経験が学びの源となるのです。

ヒトをワークショップで活かす手法と視点

　次に、ヒトのリソース、なかでも留学生について考えてみましょう。草の根プ
ロジェクトでは、活動開始当初より小学校を中心とした訪問先の学習者とのコ
ミュニケーションを多様な形で取り入れてきました。そこでは、単なる外国文化
に関するコンテンツ学習にとどまらない、地球市民教育を志向した教育活動に取
り組んできました。松下（2000：49-51）は地域の教育関係者と連携した実践か
ら、留学生と学習者との交流についてのアイデアをまとめています。そのなかで、
以下のように交流における目的が示されています。

◇初対面の人に対する緊張をほぐすこと（中略）
◇異文化の人（＝他者）に対する緊張や違和感を低減し、寛容度を高めること

◇異文化の人（＝他者）に対する共感を高めること

◇他国・他地域の生活や社会に対する関心を高め、理解し、比較によって複眼的
　志向を獲得して文化の個別性や普遍性に気づくこと（中略）

◇自分の住んでいる地域の多文化性に気づき、そこに住む少数者の立場や視点を
　理解すること（中略）

◇他国・他地域と日本・自分の属する地域との歴史的関係や平和・人権・開発・
　環境の問題について理解し、地球的視野で物事を考え、それを自分たちの問
　題として考え、行動する態度を身につけること。また、これからの関係の発
　展のために必要なこと、したいこと、できることを考えること。（歴史認識、
　平和、環境、情報など）

松下 2000：49-51 より抜粋

　上記のアイデアを見てもわかるように、留学生との交流には大きな可能性を見
出すことができます。しかし、交流の効果を最大化するには、受け入れる学校側、
留学生、留学生を指導する草の根プロジェクトの間で緊密な連携と綿密な準備が
必要となります。初期の国際学生訪問ワークショッププログラムでは、学年単位
で計画されるものの、各クラスの担任が個別に進行する授業へ1名ないし数名の
留学生がクラスゲストとして入り、授業に参加する、という形式が多くとられて
いました（図5-5左）。

　こうした形は、留学生が個別に担任とやりとりする必要があります。準備が整
えば、現場のねらいに沿った形で留学生が活きることでしょう。しかし、多忙化
に拍車のかかる学校教育の現場の教員と、各自の時間割で大学の授業を受けつつ、
そのほかの社会活動にも忙しい留学生の間で、活動の意図や計画を共有すること
は極めて困難です。実際、授業を進行する先生方と訪問予定の留学生が、事前に
直接コミュニケーションを取って相互に理解を深め、授業準備をすることは、現
実的には不可能であるといっても過言ではありません。

　そこで、2013年度からはこうした事前準備の負担を軽減し、多くの留学生が
それぞれの個性を活かしながら参画する手法として「チーム型」に改めています。

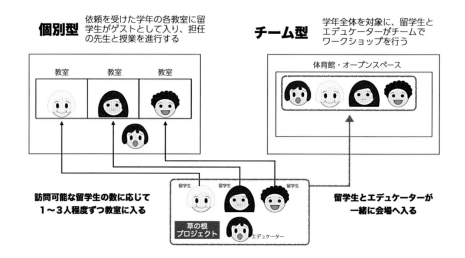

【図5-5】留学生訪問の個別型とチーム型
訪問する際に、草の根プロジェクトの留学生が数人ずつ別れて同時に個別の教室で授業に参加するのが個別型（図内左）です。訪問先のクラスを広いスペースに集め、全体を対象にチームでワークショップを行うのがチーム型です（図内右）。

これは、訪問先で実施する具体的な活動計画を、草の根プロジェクトのエデュケーターがクライアントと相談しながら立案し、留学生とともに具体的な準備を行った上でチームとしてワークショップを実施するものです（図5-5右）。

「個別型」では、ほとんどの場合、留学生と初めて対面する先生によって授業は進行されます（図5-5左）。一方、チーム型では留学生とエデュケーターがチームとして互いに補い合いながら、ワークショップを進行していきます（図5-5右）。エデュケーターが、学習者に問いかけ、留学生自身の生活体験やこれまでの人生の歩みをリソースとすることで、人や文化の多様性を学習者が実感するようなプログラムを実施します。これにより、留学生一人ひとりの個性を把握し、信頼関係を築いたエデュケーターが介在することができます。そして、より留学生の人格・背景に焦点を当てることができるようになるのです。

　また、チーム型では、参加する留学生の得意な分野や能力を組み合わせてプログラムを計画することができるため、日本語の能力や個性など、多様な留学生が

参加できるという利点もあります。このように、現在、草の根プロジェクトでは、留学生を文化的コンテンツの「伝道者」ではなく、一人の人間としてその個性を活かすことに焦点を当てています。こうしたワークショップによってこそ、留学生と学習者の真に人間的な交流が実現できると考えています。

発達段階に応じた
草の根プロジェクトのワークショップ

　草の根プロジェクトは、ヒトやモノを活かした多種多様なアクティビティを開発してきました。そして、学習者の発達段階に応じたアクティビティを組み合わせることで、幅広い学習者に対応する複数のワークショップメニューを作成しています。ワークショップメニューは第2・3章で紹介していますが、それぞれ、対象となる学習者を想定し、発達段階に応じた内容となるように調整しています。

　実物資料については、同じ用途でありながら、同時に相違点も併せ持つ実物資料を体験します。このようなアクティビティによって、対象を低年齢からとすることができます。

　たとえば、いろいろな生活体験を通じて感受性を育む時期にある低学年には、世界の遊び道具を思いきり楽しむワークショップメニュー①の「世界の遊びの出張博物館体験ツアーワークショップ」が適しています。子どもにとって親しみやすい、コマ・けんだま・すごろくなどを通して多様性に触れることが可能です。生活科の昔遊びの発展、3年生から始まる総合的な学習の時間における国際理解の学びへの橋渡しにもなるでしょう。

　そして、集団活動の力がついてきた中学年には、グループワークで構成されたワークショップへ移行していくとよいでしょう。メニュー②「世界のコマの回し方クイズワークショップ」のような遊び道具を素材にした課題に、生活班や学習班などでチャレンジすることができます。

　高学年になると、徐々に抽象的な思考や他者の視点に立った物事の理解ができるようになっていきます。また、集団活動の意義を理解し、共通の目標を達成するために主体的に関わる力も伸びてきているでしょう。

【図5-6】「留学生のライフヒストリーワークショップ」(p.124)
留学生の語りは、ほかの誰でもないその人にしかない人生の歩みです。それは、学習者にとってとてもシリアスな体験であり、彼らが自然と引き込まれていくのがわかります。だからこそ、じっくりと耳を傾け、受け止められる中高生が対象としてふさしいと考えています。

　留学生によるワークショップは、この段階から取り入れるとより効果的であると考えています。メニュー⑥「留学生と学ぶ世界のいろんな当たり前とカルチャーショック体験ワークショップ」では、背景の異なる留学生の視点をもとに、価値判断の多様さを学ぶ機会となることでしょう。ものの見方や考え方の広がり・深まりは、中学校という新しいステージへ進む子どもたちにぜひ獲得してもらいたいと考えています。

　その後、思春期になると、子どもたちは内省的になる一方、現実との間で悩むようになっていきます。そして、思春期を過ぎると、一人の人間としてどう生きていくかを、より現実的な課題として考えるようになります。この時期の子どもたちには、少し年上の先輩として留学生に出会い、彼らのライフヒストリーに耳を傾ける場・機会を届けたいのです。中高生は、親や教師の言葉には素直になれなかったり、進路を考えるさまざまな材料を求めたりします。そして、その個人差も非常に大きくあります。たとえば、メニュー⑦の「留学生の「ライフヒス

トリー」を聴いてみよう」（図5-6）では、留学生の文化的背景にも触れながら、その生い立ちや経験・学び、思いや考えを伝えることで、学習者それぞれを触発することでしょう。

草の根プロジェクトのワークショップの共通点

　草の根プロジェクトが実施するワークショップにはこのようにバリエーションが存在しますが、共通点もあります。ここでは、いずれのワークショップにも共通するポイントを整理しておきましょう。

プログラム―イントロダクションと振り返り

　多様な現場からの依頼に応じて実施する草の根プロジェクトのワークショップでは、企画・実施の主体となるエデュケーターやプロジェクトの学生と、対象となる学習者は基本的に初対面となります。そのため、基本的にワークショップは自己紹介を含めたイントロダクションで始まります。また、最後は活動について振り返り終了します（図5-7）。イントロダクションは、学びの入口で、学習者が学びの主体として参加する意欲を高めることがねらいとしてあります。そのワークショップ自体のねらいを発達段階に応じてわかりやすく共有するように努めます。いずれのワークショップにおいても、エデュケーターは学習者の年齢・発達段階、実態や特徴に合わせ、「聴く」ことと「協働」について導入しています。「聴く＝自分のすべての力のたし算」、「協働＝みんなの『聴く』のかけ算」というように、子どもたちの心と頭に響くようなイメージを持って、その意味の共通理解をはかります。そして、「聴く」と「協働」の2つは、学習者と学生とファシリテーターが「みんなの目標」として掲げ、ともにチャレンジするよう呼びかけます。対話を通して学習者一人ひとりが考え、参加・参画の意欲を高めて活動に入れるよう、エデュケーターはやさしく（優しく・易しく）丁寧に語りかけています。

　このイントロダクションのなかで、ファシリテーターの役割を担うエデュケーターと学生スタッフは、学習者の様子をよく観察してその特徴をつかみとり、学

【図5-7】「留学生と学ぶ世界のいろんな当たり前とカルチャーショック体験」(p.110)
で最後に行った振り返りの様子
子どもたち、留学生が車座になっています。参加する人数や会場の広さにもよりますが、可能
な場合はこのように全員がお互いに顔が見える状態で行います。

習者理解をはかります。これから始まる活動で、どのような働きかけを行うか、
注意すべきことは何か、といったファシリテーションを各自で考えています。

　振り返りは、ワークショップの最後の活動となります。学習者自身が「何をし
たか、何があったか（経験・出来事）」、そのとき「何を感じたか（感情）」、そし
て「何を考えたか、気づいたか（思考）」を振り返り、みんなで共有します。

　また、「みんなの目標」として取り組んだ「聴く」と「協働」についても振り
返ります。ファシリテーターから見た学習者、参加した学生から見た学習者の様
子についても伝え、学習者が客観的に自己を振り返ります。よくある「学習のま
とめ」ではなく、学習者が主体となって自己評価する重要な学習活動です。

【図5-8】「世界のコマの回し方クイズワークショップ」（p.62）
ファシリテーターがコマの回し方を説明しています。実物ではよく見えない部分はあらかじめ用意していた動画を使って説明します。そのうえで、子どもたちの前でコマ回しを実演します。

環境—モノと空間の使い方

　次に、ワークショップの実施環境として共通するのが、基本的に机や椅子のないオープンスペースであるということです。これは、アクティビティの際、必要に応じて自在に学習者間の距離を調整するとともに、活動に応じて柔軟に空間を使い分ける必要があるからです。たとえば、アクティビティのプロセスや内容に応じ、学習者間の位置関係を調整する必要があります。額を付き合わせるような近い距離で話し合ったり、あえてグループ間の距離を取ってコミュニケーションの可能な範囲を区切ったりすることで、アクティビティに集中できるよう促します。その結果、自然と距離が縮まり、心理的な距離も近づけることができます。

　もう一つは、PCと接続した映像機器（プロジェクター、モニターなど）や実物資料などの視覚的な使い分けです。エデュケーターが作成したスライドを表示することによって、学習者に対し、視覚的に情報を提供することはもちろん、学

【図5-9】 ワークショップの事前準備
使用する実物資料をあらかじめ決めた場所に配置し、布を被せて隠しておきます。実物資料が
見えてしまうと、これから何をするのかそれぞれ考え始め集中できなくなってしまいます。適
切な段階で覆っている布を取って見せることで、学習者に良いサプライズを与え好奇心を高め
ることができます。

習者全員に微細なイメージを共有する場合にも有効です。たとえば、メニュー⑥
の世界のコマの回し方を紹介する際には、小さな実物を全員に直接見せる方法よ
りも、映像で拡大したほうが有効な場合もあります（**図5-8**）。

　また、実物資料の扱い方・配置・見せ方・隠し方も慎重に考える必要がありま
す。「何を、どこで、いつ、どのようなタイミングで、どう提示するか、提示し
た後はどうするか」を事前に計画して準備しておくことが不可欠です。そのモ
ノの持つ特徴（特長）の理解（資料研究・資料理解）はいうまでもありませんが、
それが学習者にどのような影響を与えるのか考慮しなければなりません。どのタ
イミングで実物資料を提示するか、そのときどのような働きかけを行うか。活動
におけるモノの位置づけを明確にし、参加する学生スタッフとも十分に共有して

います。

たとえば、ワークショップでモノを活用する際は、実施前に会場内へ配置し、布をかけて見えないようにしておきます（**図5-9**）。これはワークショップの内容に関する予断を防ぐためです。これによって、学習者が目の前のことにより集中し、参加を促進することができます。また、適切なタイミングを見極めて提示することで、学習者には新鮮な驚きが生まれます。

柔軟性―ワークショップメニューと実施計画

最後は、ワークショップメニューや実施計画の柔軟性です。第2・3章で紹介したように、草の根プロジェクトでは、ワークショップメニューを一種の型として示しています。しかし、実際には、クライアントの要望や条件、実施環境などによって柔軟に内容や実施の仕方を調整しています。ただし、参加する人数、時間や空間的な条件などによってアクティビティの追加・削除、順番などの再構成を行います。こうした変更は、事前の準備段階だけでなく、ワークショップの進行状況からエデュケーターがその途中で行うことも珍しくありません。

たとえば、複数のアクティビティで構成したワークショップでは、前半に想定以上の時間を費やした場合には、後半の計画を省略することもあります。そこで優先するのは、「学習者がそのときどのような状態にあるのか」ということです。ワークショップやアクティビティの山場に差し掛かる部分で強制的に終わらせてしまっては、学習者を混乱させ、ワークショップ自体が逆効果になってしまうことでしょう。そのような事態を避けるため、ファシリテーターは計画を念頭に置きつつ、学習者の様子を見ながら、先の展開を見越して、修正しながら進行していきます。

この章では、学習形態の一つとしてワークショップを捉え、関連する理論などとともにこれまでの知見から、草の根プロジェクトのワークショップがどのようなものなのかを紹介してきました。

第2・3章で紹介したワークショップメニューを現場で実施すると、表情豊かな学習者を見ることができます。集中して何かに取り組む真剣な表情や、何かを

発見して驚いたり感動したり、アクティビティの成功を仲間と笑顔で喜んだり。このような表情の変化は、学習者一人ひとりがワークショップで夢中になってアクティビティに取り組むことによって現れるものです。ワークショップが終わった後には、「楽しかった、おもしろかった」といった声をこれまでにも数多く聴いてきました。

　何かを学ぶということを、新たな知識を記憶に刻み込む、何か新しいことができるようになると捉えると、こうした教育活動の効果に疑問を持たれるかもしれません。しかし、この章で紹介してきたような背景によって裏打ちすることで、講義形式だけでは難しい、全人的な学びをワークショップによって目指すことができるものと私たちは考えています。そして、その目指すところこそが「異文化間能力」なのです。第6章では、この異文化間能力について草の根プロジェクトの視点から見ていきましょう。

異文化とともに生きるために

異文化間能力と欧州評議会によるコンピテンスモデル

草の根プロジェクトは、モノの教育リソースを知識教育の教材としてではなく、「身体・感覚的体験の豊かさを追求し、認知、情動、行動のすべてを含めた相対的な体験を創出しながら学びを深めていく」（高橋2007b：62）ための素材として捉え、教育活動における可能性を追求してきました。現在のアウトリーチ教育プログラムは、その結果構築したものであり、第5章で取り上げたワークショップも、ヒト、モノを活かす手法の探求で見出したものです。

　現在も教育現場の依頼に応じてワークショップをはじめとしたアウトリーチ教育プログラムを実施する際には、各現場の希望、対象者、環境に応じ、より良い形をクライアントと常に探りながら具体的な教育支援に取り組み続けています。

　第6章では、このような草の根プロジェクトによる教育支援活動において目標としている「異文化間能力」に焦点を当てます。異文化間能力とは見慣れない用語かもしれません。そもそも、異文化間能力とはどのような能力なのでしょうか。「同じ人間でありながら、一人ひとり違う人格を持っている」。これはみなさん納得されることでしょう。「国際理解」という言葉を念頭に置くと、一人のヒトが背景とするものは、生まれ育った国や地域、言語、民族、信仰などが想起されるかもしれません。近年はさらに、ジェンダー、身体、ライフスタイルなど、人格を構成する側面への認知が広がり、多様な在り方に対する理解が深まりつつあるように思います。

　異文化間能力は、こうした多様な人の在り方を認め、ともにより良く生きていくうえで求められる能力といえるでしょう。

　異文化間能力については、数多くの研究者によって研究されています。たとえばArasaratnam（2016）は異文化間能力を備えた人物像を次のように描写しています。

異文化間の相互理解に長けた人は心が豊かで共感力があり、異文化の人々との交流に意欲的で新しい概念を受け入れ、適応力があり、柔軟性があり、複雑さや曖昧さにも対応できる。

Arasaratnam2016・筆者訳

異文化間能力に関連する研究は数多く存在しており、「Intercultural citizenship（異文化間シチズンシップ）」（Wagner、Byram2017）、「Intercultural responsibility（異文化間責任）」（Guilherme2013：347）などの類似した概念も見られます。

欧州評議会による試み

　異文化間能力については、このように複数の見解があり、具体的にどのようなもので、どのように育てることができるのか断定的に捉えるのは難しいものです。そこで、一つの考え方としてここで取り上げたいのが、「Reference Framework of Competences for Democratic Culture（以下 RFCDC：民主主義文化のためのコンピテンスの参照枠）」（Council of Europe2018a）です。RFCDC について説明する前に、その背景として欧州評議会や欧州連合（EU）について簡単に見ていきましょう。

　欧州評議会は EU と連携しながら人権の擁護や民主主義、法の支配の普及・推進に取り組んでおり、EU 加盟 27 カ国を含む 47 カ国が加盟しています。RFCDC は、欧州評議会によって、民主主義社会を構成する市民の育成に求められる知識や価値観、能力について加盟国間で共有し、多様性を尊重し、開かれた社会を構築するための教育を支援するために作成されました。

　このような取り組みがなされている背景には「多様性のなかの統一」をスローガンとする EU 統一の維持・促進があります（Byram2018）。EU は政治経済の高いレベルで統合がなされてきました。議会を有し、外交・安全保障などの政策を共有するほか、統一通貨ユーロが用いられ、加盟国の市民は、EU 域内における就労・移動の自由が認められています。このように、国境を超えた共同体である EU は 1993 年の発足から少しずつ新たな加盟国が加わっており、新規加盟の条件として示されているのがコペンハーゲン基準です。

コペンハーゲン基準

・政治的基準

　民主主義、法の支配、人権およびマイノリティの尊重と保護を保障する安定し

た諸制度を有すること

・経済的基準

　市場経済が機能しており EU 域内での競争力と市場力に対応するだけの能力を有すること

・法的基準（EU 法の総体の受容）

　政治的目標ならびに経済通貨同盟を含む、加盟国としての義務を負う能力を有すること

駐日欧州連合代表部 2021

　長年の努力の末に統合を実現し、このような政治的なシステム、価値観を共有しているはずの EU も、現在は多くの課題を抱えています。2008 年のリーマンショックを発端とする経済の低迷、域内の経済成長の不均衡による経済格差の拡大、また、中東・アフリカからの難民受け入れなどの問題を抱え、一部の国においては排外主義的な主張が見られます（田中 2016）。グローバリズムによる社会の多様化は欧州に限らず、世界的にも同様の問題は存在しており、私たちにとっても大きな課題であるといえるでしょう。

RFCDC のコンピテンスモデル

　RFCDC は、こうした課題に対し、教育において「民主主義、法の支配、人権およびマイノリティの尊重」を軸とした市民意識の育成によって対処すべく、共通した目標、手法、評価の方法などを提示するものです。

　現在は第 1 巻「文脈、コンセプト、モデル（Context, concepts and model）」、第 2 巻「民主主義文化のコンピテンスの記述子（Descriptors of competences for democratic culture）」第 3 巻「導入の手引き（Guidance for implementation）」で構成されています。

　この第 1 巻で提示されているのが、民主主義と文化の多様性を尊重する市民に求められる 20 のコンピテンスによって構成される、コンピテンスモデル（model of competences）です。これは、複数の研究者が異文化間能力に関する先行研究

を検討し、段階的な絞り込みを経て作成されたものです。

　コンピテンスモデルでは、以下に示すように、20のコンピテンスが「価値観」、「態度」、「スキル」、「知識と批判的理解」の4種類に分類されています。

20のコンピテンス

①価値観（Values）

・人間の尊厳と人権を大切にすること（Valuing human dignity and human rights）

・文化的多様性を大切にすること（Valuing cultural diversity）

・民主主義、正義、公正、公平、平等、法の支配を大切にすること（Valuing democracy, justice, fairness, equality and the rule of law）

②態度（Attitudes）

・異なる文化、信念、世界観、慣習に対する寛容さ（Openness to cultural otherness and to other beliefs, world views and practices）

・尊重（Respect）

・市民意識（Civic-mindedness）

・責任（Responsibility）

・自己効力感（Self-efficacy）

・曖昧さの許容（Tolerance of ambiguity）

③スキル（Skills）

・自律的な学習スキル（Autonomous learning skills）

・分析的・批判的思考スキル（Analytical and critical thinking skills）

・傾聴と観察のスキル（Skills of listening and observing）

・共感（Empathy）

・柔軟性と適応性（Flexibility and adaptability）

・言語・コミュニケーション・多言語のスキル（Linguistic, communicative and plurilingual skills）

・協力のスキル（Co-operation skills）

・紛争解決スキル（Conflict-resolution skills）

④知識と批判的理解（Knowledge and critical understanding）

・自己の知識と批判的理解（Knowledge and critical understanding of the self）

・言語とコミュニケーションの知識と批判的理解（Knowledge and critical understanding of language and communication）

・政治、法律、人権、文化、宗教、歴史、メディア、経済、環境、持続可能性を含む世界の知識と批判的理解（Knowledge and critical understanding of the world：politics, law, human rights, culture, cultures, religions, history, media, economies, environment, sustainability）

Council of Europe2018a：38-58 より筆者訳・作成

　各コンピテンスには、さらに詳細な説明が付されています。たとえば、価値観の一つ「人間の尊厳と人権を大切にすること」では、以下のように説明されています（ほかのコンピテンスについては章末に引用した資料をご参照ください）。

1.　すべての人々が共通の人間性を共有し、特定の文化的な所属、地位、能力や状況に関係なく平等な尊厳を持っているという認識。

2.　人権は普遍的で不可分なものであるという認識。

3.　人権は常に促進され、尊重され、保護されるべきであるという認識。

4.　基本的な自由は、それが他人の人権を損なうか、または侵害しない限り、常に擁護されるべきであるという認識。

5.　人権は、社会のなかで対等に生きていくための基盤であり、世界の自由、正義、平和のためのものであるとの認識。

Council of Europe2018a：39・筆者訳

　RFCDC において「コンピテンス（compretence）」という用語は、「与えられた文脈の種類によって提示される要求、課題、機会に適切かつ効果的に対応するために、関連する価値観、態度、技能、知識および批判的理解を動員し、展開する能力」と定義しています（Council of Europe2018a：32・筆者訳）。

「コンピテンス（compretence）」という単語は一般的には「能力」と訳されます。ここまで、私たちも異文化間「能力」という用語を用いてきました。文脈によっ

て意味するところは異なりますが、「能力」というと、何かが「わかる・できる」ための知識やスキルを身につけている状態を思い浮かべることが多いのではないでしょうか。

　RFCDCにおいては、知識やスキルだけでなく、価値観、態度もコンピテンスでの一部であり、一人ひとりが内面に持つ「心理的資源（psychological resources）」として捉えています。

　さらに、RFCDCでは、「『コンピテンス』は、『コンピテンス』の選択、活性化、組織化と、これらのコンピテンスを具体的な状況に合わせて協調的、適応的、動的に適用することで構成されている。」（Council of Europe2018a：33・筆者訳）としています。つまり、コンピテンスを備えているだけでなく、直面する状況に応じて必要なコンピテンスを組み合わせて発揮すること自体をコンピテンスと捉えています。

コンピテンスモデルの３つの特徴

　次に、草の根プロジェクトから見たコンピテンスモデルの特徴を３点紹介します。

特徴①　価値観

　コンピテンスモデルでは、初めに価値観があげられており、以下のように説明されています。

価値観は行動の動機づけとなり、また、どのように行動すべきかを決定するための指針となる。価値観は、特定の行動や状況を超越しており、さまざまな状況で何をすべきか、何を考えるべきかについての規範的な規定性を持っている。価値観は、自分や他人の行動を評価したり、意見や態度、行動を正当化したり、選択肢を決めたり、行動を計画したり、他人に影響を与えようとしたりするための基準となる。

Council of Europe2018a：38・筆者訳

それでは、価値観の中身はどのようなものかというと、「基本的人権」、「文化の多様性」、「民主主義と法の支配の尊重」に基づいた公正な社会の実現としており、個人の自己実現を目的とした能力観にとどまっていません。多様な背景を持つ人々によって構成される社会においては、異文化間の対話が不可欠であり、他者を尊重するうえで、人権、平等、民主主義のプロセスが必要であるという認識が土台になっています。

　現在の教育課題として「『何を知っているか』から、知識を活用して『何ができるか』への転換」（松尾 2017）がなされ、数多くの能力の概念が提示されています。たとえば、「人間力」（2003・内閣府）、「就職基礎能力」（2004・厚生労働省）、「社会人基礎力」（2006・経済産業省）、「学士力」（2006・文部科学省）などがあります。

　しかし、ともすれば資質・能力の育成が、経済活動において有用な人材育成に傾くことを危ぶむ見方をすることもできます（小山 2020）。たとえば、「グローバル競争の激化は、勝者と敗者の分断、格差社会の増幅、貧困問題の深刻化、阻害による心理臨床的問題の蔓延、国家間、民族間の、宗教対立やルサンチマン（怨念）の先鋭化といった人類社会の持続可能な発展を阻害する」（小林 2019：36）という危惧も示されています。

　個人のコンピテンシーの発達は、その個人の可能性を開き、社会的な成功を助けることでしょう。しかし、地球規模の環境や経済格差などの数多くの課題に向き合わざるを得ない現在もこれからも、一人ひとりの自己実現にのみに焦点をあてるのではなく、人権や多様性の尊重を前提とした価値観が求められるのではないでしょうか。

　SDGsにおいては、「誰一人置き去りにしない」が一つのテーマとして掲げられ、経済効率性が優先される企業活動においてさえも、ESG投資のように、利潤の追求のみならず環境や社会への貢献が問われるようになっています（年金積立金管理運用独立行政法人 2021）。草の根プロジェクトは、コンピテンスモデルの価値観に含まれるコンピテンスの育成は、重視すべき要素であると考えています。

特徴②　文化の見方

　RFCDC における特徴の一つが文化の捉え方です。文化を流動的で常に変化し、一人の人間においても多層的、複合的に文化的なアイデンティティが形成されるとしています。また、あるグループによって共有される文化は次の 3 つの側面から形成されると説明しています。

①物質的資源（例：道具、食べ物、衣類）
②社会的共有資源（例：言語、宗教、社会的行動のルール）
③主観的資源（例：グループのメンバーが世界を理解し、関連づけるための枠組みとして一般的に使用する価値観、態度、信念、慣習）

Council of Europe2018a：30・筆者訳

　そして、このような視点から見ると、人間と文化について以下のように考えることができます。

どのような規模の集団でも独自の文化を持つことができる。たとえば国家、民族、宗教、都市、地域、労働組織、職業集団、性的指向集団、障害者集団、世代別集団、家族などが含まれる。このため、すべての人は多くの異なるグループとそれに関する文化に同時に属し、それを識別する。

Council of Europe2018a：30・筆者訳

　草の根プロジェクトもこれまで同様の見方を持ってきました。つまり、国際間移動だけを異文化と出会う機会とみなすのではなく、人は複数の文化的なコミュニティーを日常的に往来しているのです。外国籍市民のコミュニティはもちろん、地域や世代、思想、信条、家庭環境、ジェンダー、さまざまな身体的特徴など、人類の在り方は多様であり、異文化との接触は日常的に起こりうるものとみなすことが可能です。
　このように考えると、コンピテンスモデルのような異文化間能力は、特定の職

業集団や専門家のためのものではなく、現代に生きるすべての人が相互に尊重し社会に参画するために求められるものといえるでしょう。

特徴③　学び教えられるものであるということ

RFCDC のコンピテンスモデルは、101 の異文化間能力に関連する概念から 55 のコンピテンシーが候補として抽出され、さらに 20 に絞り込まれています（Council of Europe2016：28）。コンピテンスモデルは、異文化間能力に関連する研究の積み重ねに立脚した一つのスタンダードといえるでしょう。この絞り込みの基準となったのが、「対象者、とくに教育実務者、政策立案者が容易に理解でき、使用できる形で提示する」、「教えることができ、学ぶことができ、評価可能（自己評価または他者による評価）であることを保証する」（Council of Europe2016：31・筆者訳）という考えです。このような基準は、RFCDC を理念的なものにとどまらせず、社会への定着を図るものといえるでしょう。そのため、RFCDC の第 2 巻では、コンピテンスの習熟度を評価する記述子が提示され、第 3 巻ではさまざまなカリキュラムにおける活用についても紹介しています。

教育現場における実践に配慮したこのような試みに加え、Barrett らはコンピテンスモデルに先立ち、コンピテンスの育成について、インフォーマル教育、ノンフォーマル教育、フォーマル教育と、学校教育のみならず、あらゆる領域にわたる生涯学習において実践されるものとしています（Barret,Byram,Lazar,Gaillard,Philippou2014：27）。

そして、コンピテンスの育成を念頭に教育活動を計画する際に含むべき要素として、「体験」「比較」「分析」「振り返り」「行動」をあげており、RFCDC の第 3 巻の第 2 章にも受け継がれています。これらは、主体的・対話的な学び、アクティブ・ラーニングと通じており、いずれも、講義形式の知識伝達を目的とした教授の形式にとどまらないものです。

体験

学習者は、ゲーム、アクティビティ、伝統的なメディアやソーシャルメディア、ほかの人との面と向かっての交流や手紙などを通して、これらの態度を経験する

ことができる。教師は生徒のために本を選んだり、物理的またはオンラインの文脈で、より広いコミュニティ、ほかの地域、国と接触するように手配したり、若者のためにイベントや国際会議を企画したりする。たとえば、歴史の教師は演劇的な再現や多視点を養うための活動を計画したりする。これらの例はすべて、比較と分析による学習の機会を提供することができる。

比較

　学習者は「違い」に触れることで恩恵を得ることができる。学習者はよく見慣れないものと見慣れたものを比較し、見慣れないものを「奇妙なもの」「悪いもの」「未開のもの」とさえ評価することがある。教師はこのような価値の比較を意識し、それを理解のための比較に置き換える必要がある。これは、偏見のない方法で類似点と相違点を見ることにより、相手の視点に立つことを意味する。つまり、自分にとって当たり前のことが、ほかの人から見れば奇異に映り、両者は単にある面では異なり、ある面では似ているのだという理解を深めるよう、学習者を促すことができる。このように、学習者は自分自身の価値観や態度を異なるものと意識的に比較することで、自分がどのように現実を構築しているかをより意識するようになる。

分析

　共通点や相違点の背景には、慣習、思考、価値観、信念についての解釈がある。ファシリテーターは、学習者が目にする他者の言動の背景に何があるのか、その分析を支援することができる。これはたとえば、探求型の手法によって、文書や音声・映像をもとに慎重に話し合い、分析することで実現できる。そして、この分析を学習者が振り返ることで、学習者自身の実践、価値観、信念を問い直すことができる。

振り返り

　比較、分析、体験は、振り返りと批判的な認識と理解を深めるための時間と空間を伴う必要がある。ファシリテーターは、とくにノンフォーマル教育とフォー

マル教育において、そのような時間と空間が意図的に計画された方法で提供されることを保証する必要がある。たとえば、教師は生徒に自分の経験について話し合うように求めたり、生徒に学習内容を記録するために日誌をつけるように促したり、学んだことについて書いたり、描いたり、共有したり、そのほかの方法で回答するようにする。また、親は子どもと一緒に静かに座って、ある経験について話すこともできる。

行動

　振り返りは、行動を起こしたり、対話を通じて他者と関わったり、他者との共同活動に参加するための基礎となり得るし、そうあるべきである。ファシリテーターは、"学校全体"でのアプローチや学校のパートナーシップを通じて、社会的・物理的環境を改善するなど、協力的な行動を奨励し、さらには管理する責任を負うこともある（学校全体でのアプローチについては第5章を参照）。

Council of Europe2018b：28-29・筆者訳

　ワークショップは、このような要素を含んで実践することができる学習形態といえます。たとえば、草の根プロジェクトのワークショップでは、第2・3章で紹介した通り、いずれも「体験」や「行動」、「振り返り」を含みます。「比較」も重要な要素です。モノを活用するワークショップでは、アクティビティに取り組むなかで出会うさまざまなモノを相互に比較します。さらに、学習者はおのずとワークショップで出会う異文化につながるものと、それぞれがすでに知っているものと比較します。これは、ヒトの場合も同じです。ワークショップを通じて、留学生とコミュニケーションをはかり、学習者が留学生のことを知り、自分自身と比較することで、自らと同じ部分や異なる部分が同時に存在することを理解することができます。

　さらに、コマの回し方を考え出したり、アンクルンを合奏するアクティビティなど探求的な活動においては、「分析」的な思考も要します（図6-1）。このように、草の根プロジェクトのワークショップには、コンピテンスモデルの育成に資する要素を見出すことができます。

【図6-1】「世界のコマの回し方クイズワークショップ」(p.62)

メキシコのコマを手に取りながら試行錯誤して回し方を考える子どもたち。実物を見て、触って得た情報をもとに考え、回します。経験、比較、分析、行動などいくつもの要素が詰まっています。

　　ここまで欧州評議会によるコンピテンスモデルを見てきました。コンピテンスモデルに限らず、欧米における異文化間能力に欠ける視点として指摘されているのが、西欧、北米を中心とした先行研究に立脚しているという点です（Spitzberg, Changnon2009：43）。そのほかの地域特有の文化、コミュニケーションから見た研究が少なく、一部の地域における研究にのみ立脚した能力モデルが普遍的に適用することができるのかといった点は、さらなる研究が必要という指摘は妥当なものでしょう。しかし、基本的人権の尊重と国民を主権者とした民主主義を前提とする日本においても、RFCDCとコンピテンスモデルは活用できるのではないでしょうか。

コンピテンスモデルを通して見る
草の根プロジェクトのワークショップ

　草の根プロジェクトのワークショップでは、学習者同士がさまざまなアクティビティを通してつながり、対話と試行錯誤を通して課題に取り組みます。このプロセスにおける学習者間の相互作用が学習者それぞれの気づきを促し、変容を後押しすることによって異文化間能力を育てることを目指してきました。

　学習者が活発で豊かに感情を表現するワークショップは、こうしたねらいや文脈、背景について知らずに見ると「楽しそうなのは良いが、どんな学びにつながるのか」という疑問を持たれることもあります。RFCDC はそうした疑問に応えるための枠組みとなると考えています。ワークショップにおける学習者の行動やコミュニケーションを RFCDC を通して見ることで、さまざまなコンピテンスを発揮する機会が散りばめられていることがわかります。

　そこで、次は第 2・3 章で紹介した草の根プロジェクトのワークショップメニューにどんなコンピテンスが求められるかを振り返ります。そして、異文化間能力の育成を目指してきた草の根プロジェクトのワークショップが、どのようなコンピテンスの育成につながるのか検討します。

　第 2・3 章で紹介したように、草の根プロジェクトのワークショップは、「やってみたい！」と学習者が思えるようなアクティビティによって参加を促します。そして、ヒトやモノ、さらに学習者同士が関係し合いながら、さまざまなアクティビティに取り組みます。ワークショップでは活発な学習者の姿を見ることができるものの、そこにどのような学びが生まれるのかを明確にするのは非常に難しい課題です。

　ここからは、このようなワークショップにおける学習者のさまざまな活動がどのように学びにつながるのか、RFCDC のコンピテンスモデルを通して考えます。

　まずは草の根プロジェクトのワークショップに共通する特徴を 5 つのポイントとしてしぼり、それらがどのようなコンピテンスにつながるのか見ていきましょう。その後、モノとヒトそれぞれを活用する際の特徴について検討し、アクティ

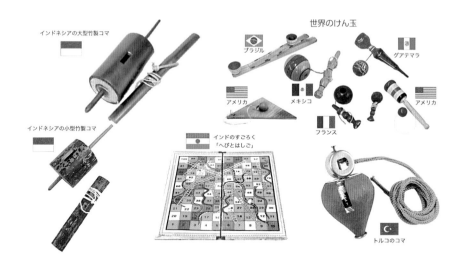

インドネシアの大型竹製コマ

インドネシアの小型竹製コマ

世界のけん玉

ブラジル

グアテマラ

アメリカ

メキシコ

アメリカ

フランス

インドのすごろく
「へびとはしご」

トルコのコマ

【図6-2】ワークショップで使用する機会の多い実物資料の例
遊びを通して多種多様なモノが世界にあり、文化が多様であるということを実感できます。限られた体験時間のなかで、学習者が遊びを通じてポジティブな感情体験ができるように、学習者の年齢・発達段階に応じた難易度の資料を十分に検討して選んでいます。

ビティで引き出すことができるコンピテンスを考えます。該当するコンピテンスについては章末の一覧も併せてご参照ください。

桜美林草の根国際理解教育支援プロジェクトの ワークショップの特徴とコンピテンス

ポイント① 「異文化と出会い、関わる場」

　草の根プロジェクトのワークショップでは、異文化からやってきた多様なモノを体験したり、ヒトと出会います。さまざまなアクティビティを通じて、ヒト、モノと接触することによって学習者の好奇心を刺激し、世界を広げます。

　これは、ワークショップに限らず草の根プロジェクトの教育支援活動における最もわかりやすい特長といえるでしょう。ここまで紹介してきたように世界各国から集めた実物資料（図6-2）は体験的に活用し、留学生と直接出会い交流す

ることができる人材として活用します。このように直接異文化と出会うことで好奇心を刺激し、多様性に触れる学びの場とすることができます。

> ・態度―文化的な他者やほかの信念、世界観、慣習に対する寛容さ
> 2. 他文化の思考や位置づけ、世界観、信念、価値観、実践に対する好奇心とそれらを発見し学ぶことへの興味。

ポイント② 「他者、異文化の尊重」

　ワークショップでは、学習者もヒトやモノに対し配慮する必要があることを伝えます。たとえば留学生の場合は「一人ひとりが人格を持った存在であるということ」。そして実物資料の場合は「それぞれの文化において目的を持ってつくられたもので、粗末に扱ってはならないものであること」ということです。そのうえでアクティビティを通して実際に出会い、関わることで学習者は自ずと尊重することを学びます。

　たとえば、メニュー①「世界の遊びの博物館ツアー」を年少者を対象に行う場合は、遊びを体験するパートでは自由度が高く学習者の活動が活発になるため、丁寧にオリエンテーションを行います。たとえば「世界中でいろいろな人が楽しんでいる遊び道具を集めてこの部屋に持ってきたよ。今からみんなも大切にしながら楽しもう」と呼び掛けます。すると、一つひとつの遊び道具を優しく丁寧に扱おうとする姿を見ることができます。

> ・態度―尊重
> 1. 本質的な重要性、価値があるとの判断に基づいて、誰かまたは何かを肯定的に評価し、尊重すること

ポイント③ 「自律的な活動の場」

　ワークショップのなかで、学習者は自分自身の意思や考え、気づきなどを表現します。アクティビティの課題に対して誰かの指示通りに動くのではなく、グループの仲間とのやりとりのなかで、自ら判断して行動を起こし、コミュニケー

【図6-3】「世界の実物資料を使って学ぶ多様性と協働」（p.94）でインドネシアのコマ
を協力して回そうとする学習者

グループ内でコマに触り、実際に手を動かしながら観察して気づいたことや、ひらめいたアイデアを共有します。そのコマがどうすれば回るのか、学習者は対話をしながら試行錯誤します。

ションする必要があります。

　たとえば、ワークショップメニュー⑤「世界の実物資料を使って学ぶ多様性と協働」ではとくにグループ内での協働が求められます（図6-3）。アクティビティにおいて求められる課題を理解し、解決のためにどうすればよいのか考え、他者と共有しより良いと考えられる方法を見つけ、実践することが求められます。そこでは、学習者一人ひとりが自分で考え、行動するのが前提となります。

> ・コンピテンス態度―責任
> 4.　自律的、主体的に行動すること、あるいは行動しないことを決定すること。

【図6-4】「世界の実物資料を使って学ぶ多様性と協働」（p.94）の「触察伝言ゲーム」
に取り組む子どもたちと留学生

子どもたちが触察したモノを言葉やジェスチャーで留学生に伝えています。留学生は子どもた
ちからの情報を頼りに題材であるモノを探し出します。双方が思い浮かべるモノが一致するよ
うに、コミュニケーションに注意を払い、さまざまな方法を試みます。

ポイント④「アクティビティを通して生まれるコミュニケーション」

　ワークショップでは、学習者自身が自らの考えや感情、疑問などをほかの学習
者やファシリテーターに伝えながら活動します。コミュニケーションの方法や頻
度はワークショップごとに異なります。たとえばジェスチャーなどの身体的な動
きで伝える場合（メニュー⑥の「学校文化比較＆カルチャーショッククイズ」）
もあれば、それに加えて言語による、より詳細なやりとりが必要なアクティビ
ティ（メニュー⑤の「触察伝言ゲーム」）もあります（図6-4）。

・言語・コミュニケーション・多言語のスキル
1.　さまざまな状況で明確なコミュニケーションをとる能力―これには、
自分の信念、意見、関心事、ニーズを表現すること、アイデアを説明して明

確にすること、主張すること、促進すること、議論すること、説得すること、交渉することなどが含まれる。

ポイント⑤「他者への共感、配慮と自身のコントロール」

　ワークショップで学習者は必ず他者と関わることになります。当然、異なる考えを持った他者とともにアクティビティに取り組むうえでは、自己中心的に活動するのではなく自らをコントロールし、他者に配慮することが必要となります。

　たとえば、留学生と学習者がアクティビティを通して協働するアクティビティではお互いが異文化の存在であり、コミュニケーションにはとくに注意を払い、伝えようとしていることが伝わっているか、そうでなければどうするかを考えなければなりません（図6-4）。アクティビティを楽しみつつも、相手に共感しながら自らもコントロールすることになります。

・スキル―共感

3.　共感―「思いやりのある共感（compassionate empathy）」や「共感的配慮（empathic concern）」と呼ばれることもある。他者の認知的、感情的な状態、あるいは他者の物理的な状況や事情を理解して、他者への思いやりや配慮の感情を経験する能力。

・スキル―柔軟性と適応性

3.　他者とのより効果的で適切なコミュニケーションや協力を促進するために、自分の感情や気持ちをコントロールし、調整する。

　草の根プロジェクトのワークショップは、以上のポイントを含みつつ、活用するリソースによって異なる特徴に応じたコンピテンスも含みます。次に、モノとヒトそれぞれを活かしたワークショップの特徴についてさらに深く掘り下げ、どのようなコンピテンスの育成につながるのか検討します。

モノを活用するワークショップの特徴とコンピテンス

　第2章のワークショップメニュー①～⑤では世界各国のモノを活用します。ま

た、メニュー⑧はモノだけでなくヒトも同時に活用しています。これらのワークショップにおけるアクティビティには大きく分けて2つの側面があります。

モノを通して異文化に触れる

一つは、先にあげたポイント①と同様で、モノを体験する活動を通じて異文化に触れ、それまでの学習者自身の知識や体験と比較することで、文化の多様性を認識するというものです。ここでは楽器を例にとり詳しく見ていきましょう。

メニュー③の「世界の楽器の音クイズ」では、はじめは楽器の音に集中し、その後視覚的に楽器をじっくりと観察することで、題材である音を発した楽器を探し出します（図6-5）。ここで、題材とする楽器を多くの学習者にとって未知の楽器と思われるものを選択することで、モノを通じて異文化と出会う場とすることができます。学校教育では、音楽の授業においてさまざまな楽器が取り上げられ、子どもたちは自分専用の楽器や音楽室にある楽器を間近に見たり、実際に演奏したりする機会があるでしょう。

このような学校生活で見られる楽器はその多くが西洋音楽で用いられる楽器がモデルとなっています。子どもたちは学校だけでなく、日常生活において多様なメディアを通じて情報を得ていますが、見たこと聞いたことはあっても、実物を観察したり、生で音を聴くだけでなく、自分で音を出してみるという経験をする機会はそれほど多くはないのではないでしょうか。

このアクティビティを通じて多種多様な素材、仕組みの楽器の音を聴き、観察し、実際に自分で音を出してみるという経験を通じて、自分が「楽器」として認識していたものとは、異なる楽器が世界にはあるということに気づく機会とすることができます。

このようなアクティビティを通じたモノとの出会いは、モノを使うワークショップメニューのいずれにも共通するものです。これは、以下のコンピテンスにつながります。

なお、文末の数字は、章末の「資料：Reference Framework of Competences for Democratic Culture のコンピテンス一覧」に対応しています。

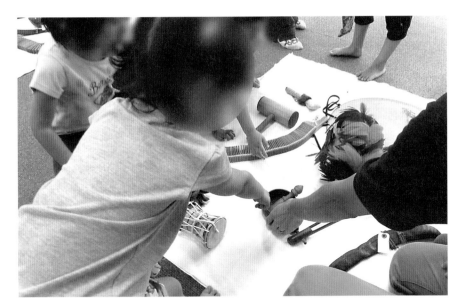

【図6-5】アクティビティ【世界の楽器の音クイズ】(p.77)にチャレンジする子どもたち
子どもたちが触察したモノを言葉やジェスチャーで留学生に伝えています。留学生は子どもたちからの情報を頼りに題材であるモノを探し出します。双方が思い浮かべるモノが一致するように、コミュニケーションに注意を払い、さまざまな方法を試みます。

態度

・異なる文化、信念、世界観、慣習に対する寛容さの 2

モノを使って協働する

　もう一つが、アクティビティによって生まれる協働です。これは「態度—異なる文化、信念、世界観、慣習に対する寛容さ」の 4・5 にあたります。ここまで紹介してきたように、モノを使ったアクティビティも、座った状態で話を聴いて終わり、ということはありません。モノを題材とした問いかけや課題に個人、あるいはグループ単位で取り組みます。

　そのため、学習者が無理なく、好奇心を持って取り組めるようゲームやクイズ形式で課題を提示する形をとっています。こうしたアクティビティでは、学習者

が課題に対するアウトプットを何らかの形で行います。そのため、グループで取り組む場合は、そこで黙っているだけでは始まりません。それぞれ考えたこと、気づいたことをグループの仲間と共有し、課題に対してどのように応えるか意見交換して試行錯誤することとなります。

　こうした協働的なプロセスこそがワークショップの学びの源であり、そのために学習者が心から楽しみ熱中することで、知らず知らずのうちに主体的に参加できるような活動の文脈を創り出すのがアクティビティなのです。このようなアクティビティでは、多くのコンピテンスが求められると考えられます。

態度

・責任の 7

・曖昧さの許容の 2 〜 5

スキル

・分析的・批判的思考スキルー批判的思考スキルの 2

・柔軟性と適応性の 3

・言語・コミュニケーション・多言語のスキルの 6・7

・協力の 1 〜 3、5 〜 9

知識と批判的理解

・自己の知識の批判的理解の 3・5

・言語とコミュニケーションの知識と批判的理解の 1

　このように、「モノを通して異文化に触れる」、「モノを使って協働する」という 2 つの側面に着目しながら、異なる視点や方法を用いることにより、同じモノで複数のアクティビティを開発しています。**図6-6**はコマを例にアクティビティのバリエーションを示したものです。たとえば、「回して遊ぶ」というアクティビティは複数のメニューに含まれていますが、これは、コマそのものを楽しむシンプルなものです。

　メニュー①では、コマを含む世界の遊び道具を楽しむアクティビティを含んでいます。メニュー②では、「回して遊ぶ」前に「回し方を考える」アクティビ

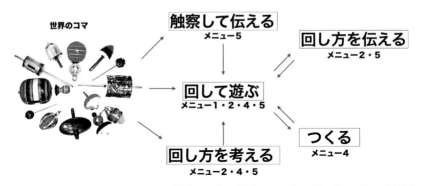

モノを活かすアクティビティおよびそのつなげ方（コマの場合）

世界のコマ

触察して伝える
メニュー5

回し方を伝える
メニュー2・5

回して遊ぶ
メニュー1・2・4・5

つくる
メニュー4

回し方を考える
メニュー2・4・5

枠内がアクティビティ、枠外がそのアクティビティを含むワークショップメニューを表します

【図6-6】 世界のコマを活用したアクティビティのバリエーション
同じモノでも問いかけ方、使い方によって複数の活用方法があります。一つのワークショップ
のなかで同じモノを違う方法で続けて活用することもできます。

ティを行うことで、協働的な問題解決を体験し、グループ内のコミュニケーショ
ンを活性化します。

　さらに、メニュー②のバリエーションとして、自分たちが回したコマの「回し
方を（ほかのグループに）伝え」、そのグループの学習者が回せるようにサポー
トする、というアクティビティにつなげることもできます。同様に、メニュー⑤
では、より複雑な「触察して伝える」というアクティビティ（触察伝言ゲーム）
でコマを活用しています。このゲームの後に、回し方を考え、遊び、さらに回し
方をほかのグループに伝える、というように展開することも可能です。

　いずれのアクティビティにおいても、そのプロセスで異文化に触れ、ほかの学
習者とコミュニケーションしながら遊びを取り入れた課題に挑戦します。草の根
プロジェクトは、常にこうしたアクティビティを開発し、ワークショップで提供
すべく試行錯誤に取り組んでいます。それは、好奇心を刺激し、思わず熱中して
しまう楽しいワークショップこそが、学習者のコンピテンスを引き出すのに有効
であると考えているからです。

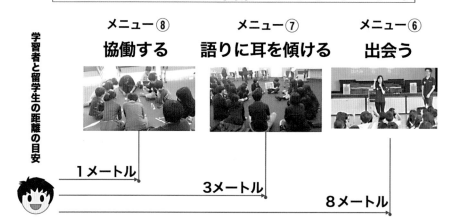

【図6-7】学習者と留学生のおおよその距離感と関わり方の関係
近ければ近いほど、より濃密な関わりが可能になり、そこに参加できる人数は少なくなります。逆に、距離が離れれば大人数にメッセージが伝えられるようになりますが、双方向でやりとりできる内容は限られてきます。

ヒトを活用するワークショップの特徴とコンピテンス

　第3章のメニュー⑥〜⑧では、ヒトのリソースとして留学生が参加します。ワークショップにおける留学生を活かす手法も複数あり、それらは学習者と留学生の距離によって特徴づけられます。距離は同時に活動をともにする学習者の人数とも関係し、距離が近ければ少人数に、遠ければより大人数を対象とすることが可能になります。そして、みなさんがご想像の通り、距離や人数、さらにアクティビティの内容によって学習者と留学生の心理的な距離も変化します（図6-7）。最も距離が離れているメニュー⑥から見ていきましょう。

留学生と「出会う」

　メニュー⑥では、対象として小学校3〜4年生以上の子どもたちを主に想定

し、人数は小学校の1つの学年、3〜4クラス、最大で100名前後まで対応してきました。会場は体育館などの広い空間を使用します。このワークショップでは、メニュー⑦・⑧のような近距離でのコミュニケーションを行うことはできません。そこで比較的年少の学習者に合わせ、留学生が親しんだ生活文化や日本に来てからのカルチャーショックの経験などをクイズ形式で学習者に紹介したり、学習者と留学生がグループに分かれたり、全体で参加するゲームや協働する活動を、一人ひとりが参加できるような工夫を交えたアクティビティとして行います。ワークショップを通して留学生と「出会い」、限られた時間のなかで心理的な負担も少なく、楽しみながら文化の多様性を学ぶ機会を実現するものです。これは以下のようなコンピテンスとつながるものと考えています。これらはメニュー⑦・⑧とも共通します。

価値観
・文化的多様性を大切にすることの2〜3、5
態度
・文化的な他者やほかの信念、世界観、慣習に対する寛容さの3〜5
・尊重の1、2
スキル
・共感の1、2

留学生の語りに耳を傾ける

　メニュー⑦では、対象を中学生以上としています。社会性を身につけつつある学習者は、留学生を学びの支援者として受け入れることが可能になります。そのため、メニュー⑥で取り上げるような比較文化的な視点に加え、留学生の「ライフヒストリー」に焦点を当てることでより深い対話を通して、学習者を触発することを目指しています。これは、メニュー⑥のような大人数では不可能であり、対象者も小学生では難しいでしょう。留学生が聴き手である学習者をすべて認識し、一人ひとりを意識してコミュニケーションすることができるのは多くても10名程度になると考えています。

このワークショップでは、これまでの人生の歩みという内面的な深い部分について留学生が語るものです（図 6-8）。これは、草の根プロジェクトのワークショップのなかでも最も深い部分に働きかけるものといえるでしょう。学習者は、文化的な側面ではなく、ある人の根本的な部分に触れることで一人の人格として認めることになります。異文化からやってきた他者の世界を垣間みることで、人生の歩み方の多様な在り方に触れ、学習者自身のこれまでやこれからを考える際に新たな視点を得るきっかけとなるでしょう。このメニューでは、以下のようなコンピテンスも求められます。

態度
・自己効力感の 5
・曖昧さの許容の 1
スキル
・共感の 1、2
・柔軟性と適応性の 4、6、7
・言語・コミュニケーション・多言語のスキルの 1、5、6、7
知識と批判的理解
・言語とコミュニケーションの知識と批判的理解の 2、4

留学生と協働する

メニュー⑧は、ヒトとモノを両方同時に活用するワークショップです。学習者（主に小学生）と留学生が、一緒にモノを活用したアクティビティに取り組みます。ヒトやモノの数には限りがあるため、これまでの事例では学習者の人数は最大でも 30 名程度となります。学習者を 4 〜 5 名のグループに分け、各グループに 1 〜 2 名の留学生が入り、ときには日本人学生もファシリテーターとして加わる場合もあります。

このワークショップは、留学生と学習者がアクティビティを通じて協働的に活動に取り組むことが大きな特徴です。そこでは、肩を寄せ合い、額を付き合わせるようにして、アクティビティに取り組みます（図 6-9）。そのプロセスにおい

【図6-8】「留学生のライフヒストリーワークショップ」（p.124）でライフヒストリーを語る留学生と耳を傾ける高校生

留学生にとって自分自身の歩みを日本語で語るのは大きなチャレンジです。語りの内容が持つ力はもちろん、一生懸命自分たちに伝えようとする姿を間近で見ることは、聴き手になる中高生の心を打つものがあるようです。

て留学生と学習者とのコミュニケーションを欠かすことはできません。

　世代はもちろん、留学生は母語が異なるため、同じ日本語を話していても、言葉だけで完全に通じ合えるわけではありません。小学生の場合、子どもが日常生活で身につけた日本語であり、留学生がフォーマルな日本語学習で学んだものとは異なります。そこで求められるのが、傾聴や共感、非言語のコミュニケーションなどです。

　このように、ワークショップのアクティビティは、普段と異なるコミュニケーションを経験しながら協働的に取り組むことを求めるものです。そのプロセスを通じて、留学生も学習者も彼ら自身の言葉を通してつながり、コンピテンスを発揮することになるのです。

　ここまで、草の根プロジェクトのワークショップでどのような学びをつくりだ

【図6-9】 メニュー⑧ （p.136） で同じグループになった子どもたちと留学生がはじめて
出会ったところ
さまざまなギャップが存在するグループですが、車座になって一緒にアクティビティに取り組
みます。このような小さなグループであれば、双方向のコミュニケーションに集中し、親密に
なることも可能です。

せるか、RFCDC を通じて考えてきました。ワークショップでは、学習者の楽し
くいきいきとした様子を見ることができますが、そこにどのような意義があるの
か、知識のインプットを重視する学習観から見出すのは困難でした。RFCDC は、
コンピテンスそのものに加え、ワークショップにおける学習者の活動や経験に学
びを見出す枠組みとして有用なものと考えています。今後も、RFCDC はワーク
ショップをはじめとした草の根プロジェクトの教育活動の持つ効果について検討
する際のツールとして活用する予定です。

資料：Reference Framework of Competences for Democratic Culture（民主主義文化のためのコンピテンス参照枠）のコンピテンス一覧

〈価値観〉

人間の尊厳と人権を大切にすること

1. すべての人々が共通の人間性を共有し、特定の文化的な所属、地位、能力や状況に関係なく平等な尊厳を持っているという認識。
2. 人権は普遍的で不可分なものであるという認識。
3. 人権は常に促進され、尊重され、保護されるべきであるという認識。
4. 基本的な自由は、それが他人の人権を損なうか、または侵害しない限り、常に擁護されるべきであるという認識。
5. 人権は、社会のなかで対等に生きていくための基盤であり、世界の自由、正義、平和のためのものであるとの認識。

文化的多様性を大切にすること

1. 文化的多様性と意見、世界観、実践の多元性は社会の資産であり、社会のすべての構成員が豊かになる機会を提供するものであるという認識。
2. すべての人が他者と異なる存在である権利を持ち、自分の視点、見解、信念、意見を選択する権利を持つとの認識。
3. 人々は常に自分の視点を尊重すべきであるとの認識。
4. 他人の人権と自由を損なうことを目的としていない限り、人々は常に他人の視点、見解、信念、意見を尊重すべきであるという認識。
5. 自分とは異なると認識されている人の話に耳を傾け、対話をするべきであるという認識。

民主主義、正義、公正、公平、平等、法の支配を大切にすること

1. 民主的なプロセスと手続きを支持すること（ただし、既存の民主的手続きが最適ではないかもしれないこと、および民主的な手段によって変更または改善する必要がある場合があることを認識する）。

2. 積極的な市民活動が重要であることを認識する（一方で、不参加が良心や事情により正当化される場合があることを認識する）。

3. 政治的意思決定に市民が関与することの重要性を認識する。

4. 少数意見を持つ人々の市民的自由を含む市民的自由の保護の必要性を認識する。

5. 紛争や論争の平和的解決を支持する。

6. 国籍、民族、人種、宗教、言語、年齢、性別、政治的意見、出生、社会的出自、財産、障害、性的指向、そのほかの立場や身分にかかわらず、社会のすべての構成員を公正かつ公平に扱うための社会的正義と社会的責任。

7. 正義を確保する手段として、法の支配と法の下でのすべての市民の平等・公平な処遇を支持する。

〈態度〉

異なる文化、信念、世界観、慣習に対する寛容さ

1. 文化的多様性および自分とは異なる世界観、信念、価値観、慣習に対する感受性。

2. 異なる文化の志向や関係性、世界観、信念、価値観、慣習に対する好奇心と、それらを発見し、学ぶことへの興味。

3. 他者の世界観、信念、価値観、実践に対する判断と不信を保留し、自分の世界観、信念、価値観、実践の「当たり前」に疑問を抱く意欲。

4. 自分とは異なると思われる他者と関係を持つための感情的な準備ができていること。

5. 自分とは異なる文化的背景を持つと思われる人々と、対等な関係のなかで関わり、協力し、交流するための機会を求めたり、受け入れたりしようとする意欲。

尊重

1. 本質的な重要性、価値があるとの判断に基づいて、誰かまたは何かを肯定的に評価し、尊重すること。

2. 特定の文化的な所属、信念、意見、生活様式や習慣に関係なく、共通の尊厳

を共有し、まったく同じ人権と自由を持つ平等な人間として、ほかの人々を肯定的に評価し、尊重すること。

3. ほかの人々が採用した信念、意見、生活様式、慣習について、それらが他者の尊厳、人権、自由を損なったり、侵害したりしない限り、積極的に尊重すること。

市民意識

1. 地域社会への帰属意識、一体感。

2. 地域社会のほかの人々および、それらの人々の相互関係、そして自分の行動がそれらの人々に与える影響に注意を払うこと。

3. 地域社会のほかの人々との連帯感。これには、彼らと協力して働こうとする意欲、彼らの権利と福祉を意識し、地域社会のなかで力を失ったり、不利益を被っているかもしれない人々を守ろうとする意欲などが含まれる。

4. 地域社会に関係することや懸案に関心を持ち、注意を払うこと。

5. 市民としての義務感、地域社会の生活に積極的に貢献しようとする意欲、地域社会の問題、関心事、共通の利益に関する決定に参加しようとする意欲。文化的な所属に関係なく、地域社会のほかのメンバーとの対話に参加しようとする意欲。

6. 地域社会のなかで自分が占める役割や立場に付随する責任、または義務を、自分の能力を最大限に発揮して果たすことを約束すること。

7. コミュニティ内のほかの人々への説明責任の感覚と、自分の決定や行動について他人に答える責任があることを受け入れること。

責任

1. 自分の行動と、その行動によって起こりうる結果に対して、内省的で思慮深いアプローチを採用すること。

2. 自らの価値観に基づいて、義務や責務を特定し、特定の状況に関連してどのように行動すべきかを明らかにすること。

3. 状況を考慮して、取るべき行動（場合によっては行動を取らないことを必要とすることもある）についての意思決定をする。

4. 自律的、主体的に行動すること、あるいは行動しないことを決定すること。

5.　自分の意思決定や行動の性質や結果に対して、自分自身に責任を持とうとする意志があること。

6.　自己を評価、判断する意思。

7.　必要と判断した場合には勇気を持って行動する意思。

自己効力感

1.　問題を理解し、判断し、課題を達成するために適切な方法を選択する能力が自分にあるという信念。

2.　特定の目標を達成するために必要な行動を整理して実行し、起こり得る障害を切り抜ける能力が自分にあるという信念。

3.　自信を持って新たな課題に取り組むことができるという感覚。

4.　民主主義への関与に自信を持ち、民主主義の目標を達成するために必要と思われる行動をとること（権力や権限を持つ立場にある者の決定や行動が不公平、不公正だと判断された場合に、その人に異議を唱え、責任を追求することを含む）ができる。

5.　自分とは異なる文化的背景を持っていると思われる人たちと異文化間対話をすることに自信を持つこと。

曖昧さの許容

1.　どのような状況や問題に対しても、複数の視点や解釈があるということを認識し、認めること。

2.　ある状況に対する自分の見方が、ほかの人の見方に比べ、優れていないかもしれないということを認識し、認めること。

3.　複雑さや矛盾、明確さの欠如を受け入れること。

4.　不完全であったり、部分的な情報しか入手できない場合にも、タスクを引き受ける意志があること。

5.　不確実性を許容し、建設的に対処するための意志があること。

〈スキル〉

自律的な学習スキル

1.　自分自身の学習ニーズを特定すること―このニーズは、知識や理解のギャッ

プ、スキルの不足や習得度の低さ、あるいは現在の態度や価値観の結果として生じた困難に起因する場合がある。

2. ニーズに対応するために必要な情報、アドバイス、手引きについて利用可能な情報源を特定し、探し出し、アクセスすること—これらの情報源には、個人的な経験、ほかの人との交流や話し合い、自分とは異なる文化的背景を持っていると思われる人や、自分とは異なる信念、意見、世界観を持っていると思われる人との出会い、視覚的メディア、出版・放送・デジタルメディアを含む。

3. さまざまな情報源、アドバイス、手引きの信頼性を判断し、偏りや歪みの可能性を評価し、利用可能な範囲のなかから最も適切な情報源を選択すること。

4. 最も適切な学習戦略や技術、または最も信頼できるアドバイスや手引きを使って情報を処理し、学習し、それに応じてすでに身につけた知識、理解、スキル、態度、価値観を調整すること。

5. 何を学んだか、どのように進歩したかを考え、使用した学習方法を評価し、これから必要な学習や、習得すべき新たな学習方法についての結論を導き出すこと。

分析的・批判的思考スキル

1. 分析対象となる資料を構成要素に体系的に分解し、論理的に整理する。

2. 各要素の意味を特定して解釈し、場合によっては、それらの要素をすでに知られているものと比較したり、類似点や相違点を特定したりする。

3. 各要素を互いに関連づけて検討し、それらの間に存在する関連性（論理的、因果的、時間など）を特定する。

4. 要素間の不一致、矛盾、乖離を特定する。

5. 個々の要素の意味や関係性の代替性を特定し、全体から欠落している可能性のある新しい要素を生成し、要素を体型的に変更して全体への影響を判断し、検討された要素の新しい組み合わせを生成すること—言い換えると、新しい可能性や代替案を想像し、探求すること。

6. 分析の結果を組織化された首尾一貫した方法でまとめ、全体について論理的かつ正当な結論を導き出すこと。

批判的思考力は、あらゆる種類の資料を評価し、判断するために必要なスキルである。したがって、以下のような能力やスキルが含まれる。

1. 内部的な整合性に基き、利用可能な証拠や経験との整合性に基づいて評価を行う。
2. 分析対象の資料が有効かどうか、正確かどうか、許容できるかどうか、信頼できるかどうか、適切かどうか、有用かどうか、説得力があるかどうかを判断する。
3. 資料の根拠となっている先入観、前提、文章やコミュニケーション上の慣習を理解し、評価する。
4. 資料の文字通りの意味だけでなく、資料を作成した人たちの根本的な動機、意図を含むより広い修辞的目的に関心を持つこと（政治的コミュニケーションの場合、これにはプロパガンダを識別する能力と、プロパガンダを作成した人の根本的な動機、意図、目的を分析する能力を含む）。
5. 資料について評価的判断を下すのを助けるために、作成された歴史的文脈のなかに資料を位置づける。
6. 検討している資料内に存在するものに対して、代替案や異なる可能性、解決策を生み出し、練り上げる。
7. 利用可能な選択肢の長所と短所を比較検討すること。これには、費用便益分析（短期的なものと長期的なものの両方を含む）、資源分析（各選択肢に必要な資源が実際に利用可能かどうかの評価）、リスク分析（各選択肢に関連するリスクとその管理方法の理解と評価）が含まれる。
8. 評価プロセスの結果を整理された首尾一貫した方法でまとめ、明確かつ具体的な基準、原則、価値観、および／または説得力のある証拠に基づいて、特定の解釈、結論、または行動指針に対する、論理的かつ擁護可能な論拠を構築すること。
9. 自分自身の思い込みや先入観を認識し、自分の信念や判断は常に偶発的であり、評価プロセスに偏りがあるかもしれないこと、自分自身の文化的な所属や視点に依存していることを認めること。

効果的な分析的思考には批判的思考（分析対象を評価すること）が、効果的な批判的思考には分析的思考（区別し、関連付けること）が組み込まれている。このため、分析的思考と批判的思考のスキルは本質的に結びついている。

傾聴と観察のスキル

1. 言われていることだけでなく、どのように言われているか、話し手のボディランゲージにも注意を払うこと。

2. 口頭と非口頭のメッセージの間で起こりうる矛盾に注意を払うこと。

3. 意味の微妙なニュアンスや部分的にしか語られていないこと、あるいは実際に語られていないことに気を配る。

4. 何が語られているかと、それが語られている社会的文脈との関係に注意を払うこと。

5. 他者、とくに自分とは異なる文化的な背景を持っていると思われる他者の行動に細心の注意を払い、その行動についての情報を覚えていること。

6. 同じ状況において、人々がどのように反応するか、とくに文化的に異なると思われる人々の類似点と相違点に注意を払うこと。

共感

1. 認知的視点 - 他者の知覚、思考、信念を把握し理解する能力。

2. 感情的視点 - 他人の感情、気持ち、ニーズを把握し理解する能力。

3. 共感—「思いやりのある共感（compassionate empathy）」や「共感的配慮（empathic concern）」と呼ばれることもある。他者の認知的、感情的な状態、あるいは他者の物理的な状況や事情を理解して、他者への思いやりや配慮の感情を経験する能力。

柔軟性と適応性

1. 状況の変化に応じて自分の習慣的な考え方を調整したり、文化的な手がかりに応じて一時的に異なる認知的視点に移行する。

2. 新しい証拠や合理的な議論に照らして自分の意見を再考する。

3. 他者とのより効果的で適切なコミュニケーションや協力を促進するために、自分の感情や気持ちをコントロールし、調整する。

4. 自分とは異なる文化的な所属を持つと思われる他者との出会いや交流に対す

る不安、心配、懸念を克服する。

5. 自分のグループが歴史的に対立してきたほかのグループのメンバーに対する
   否定的な感情を調整し、減少させる。

6. そのときの文化的環境に応じて、社会的に適切な方法で自分の行動を調整す
   る。

7. 他者の文化的規範に違反することを避け、他者が理解できる手段でコミュニ
   ケーションするために、異なるコミュニケーションスタイルや行動に適応し、
   適切なコミュニケーションスタイルや行動に切り替える。

言語・コミュニケーション・多言語のスキル

1. さまざまな状況で明確なコミュニケーションをとる能力―これには、自分の
   信念、意見、関心事、ニーズを表現すること、アイデアを説明して明確にす
   ること、主張すること、促進すること、議論すること、説得すること、交渉
   することなどが含まれる。

2. 複数の言語を使用したり、ほかの言語を理解するために共有言語や共通語を
   使用したりして、異文化の状況でのコミュニケーションの要求を満たす能力。

3. 力の格差によって不利益を被っている状況であっても、自信を持って攻撃的
   にならずに自分自身を表現する能力、また、他者との根本的な意見の相違を
   その人の尊厳と権利を尊重しながら表現する能力。

4. ほかの社会集団とその文化が採用しているコミュニケーションにおける異な
   る表現形式および異なるコミュニケーションの慣習（口頭及び非言語の両
   方）を認識する能力。

5. 相手や文化的環境に適したコミュニケーションの慣習（言語と非言語の両
   方）を適用するために、自分のコミュニケーション行動を調整、修正する能
   力。

6. 相手によって表現されている意味が不明瞭な場合や、相手が発する言語的・
   非言語的メッセージの間に矛盾がある場合に、適切かつ繊細な方法で明確な
   質問をする能力。

7. コミュニケーションの途絶を管理する能力、たとえば、ほかの人にもう一度
   言ってもらったり、言い換えを求めたり、自分の誤解されたコミュニケー

ションについて、言い直したり、訂正したり、簡略化したりできること。

8. 翻訳、通訳、説明などのスキルを含め、異文化交流における言語的な仲介者として行動する能力、また、自分とは異なる文化的背景を持つと認識されている人や物の特徴を理解し、評価できるように他者を支援することで、異文化間の仲介者として行動する能力。

協力のスキル

1. グループ内で意見を表明し、ほかのグループメンバーがそのような場で自分の意見を表明することを促す。

2. グループ内での合意形成と妥協を構築する。

3. 互恵的かつ協調的な方法で他者と行動する。

4. グループの目標を特定し、設定する。

5. グループの目標を追求し、目標達成のために自分自身の行動を適応させる。

6. グループメンバー全員の才能と強みを認め、改善が必要な分野でほかのメンバーが成長できるように支援する。

7. グループの目標を達成するために、ほかのグループメンバーが協力して助け合うよう励まし、モチベーションを高める。

8. 適切な場合には、ほかのメンバーの仕事を助ける。

9. 関連する有益な知識、経験または専門知識をグループで共有し、ほかのグループメンバーもそうするように説得する。

10. グループにおける対立を認識し、自己と他者における対立的な感情の兆候を見極め、平和的な手段や対話を用いて適切に対応する。

紛争解決スキル

1. 攻撃性、否定性を減らしたり、防止したりして、人々が報復を恐れることなく、異なる意見や懸念を自由に表現できるような中立的な環境をつくる。

2. 対立する当事者間の受容性、相互理解、信頼感を高めるよう促す。

3. 対立する当事者の権力や地位の違いを認識し、そのような差異が当事者間のコミュニケーションに与える影響を軽減するための措置を講じる。

4. 効果的に感情を管理、調整する能力—自分自身の根底にある感情や動機付けの状態と他者の状態を判断し、自分自身と他者の両方の感情的なストレス、

不安、不確実性に対処する能力。紛争当事者の異なる視点に耳を傾け、理解する。

5. 対立する当事者が持つ異なる視点を表現し、要約する。

6. 対立する当事者が抱く誤解を打ち消したり、軽減したりする。

7. ときには沈黙、休戦または不作為の期間が必要な場合があることを認識し、対立する当事者が他者の視点から振り返ることができるようにする。

8. 紛争の原因やそのほかの側面について見極め、分析し、関連づけ、文脈化する。

9. 対立する当事者間の合意を築くことができる共通の基盤を特定し、対立を解決するための選択肢を特定し、可能な妥協点や解決策を導き出す。

10. 利用可能な選択肢の理解を深めることで、紛争を解決できるように支援する。

11. 対立する当事者が、最適かつ受容可能な解決策に合意できるように支援し、導く。

〈知識と批判的理解〉

自己の知識と批判的理解

1. 自分自身の文化的な所属についての知識と理解。

2. 自分の世界観と、その認知的、感情的、動機的な側面やバイアスに関する知識と理解。

3. 自分の世界観の根底にある思い込みや先入観についての知識と理解。

4. 自分の世界観、そして自分の思い込みや先入観が、どのように自分の文化的な所属や経験に依存しているかを理解し、それが他人に対する自分の認識、判断、反応に影響を与えることを理解する。

5. とくにほかの人とのコミュニケーションや協力を伴う文脈において、自分自身の感情、気分、動機を認識すること。

6. 自分の能力や専門性の限界についての知識と理解。

言語とコミュニケーションの知識と批判的理解

1. 社会的に適切な言語と非言語のコミュニケーションの慣習を理解している。

2. ほかの文化的背景を持つ人々は、自分と同じ言語を使っていても、自分とは

異なる言語的・非言語的なコミュニケーションの慣習に従うことがあること
を理解する。

3. 異なる文化的背景を持つ人々は、コミュニケーションの意味を異なる方法で
   認識することができることを理解する。

4. どんな言語にも複数の話し方があり、同じ言語を使うにもさまざまな方法が
   あることを理解する。

5. 言語の使用が、その言語が埋め込まれた文化のなかで循環する情報、意味、
   アイデンティティーの伝達者として機能する文化的実践であることを理解す
   る。

6. 言語が文化的に共有された考えを独自の方法で表現したり、ほかの言語では
   アクセスが困難な独自の考えを表現したりすることがあるという事実を理解
   する。

7. 異なるコミュニケーションスタイルが他者に与える社会的影響を理解する。

8. 自分の思い込み、先入観、認識、信念、判断が、話す言語とどのように関係
   しているかを理解する。

**世界に関する知識と批判的理解（政治、法律、人権、文化、宗教、歴史、メディ
ア、経済、環境、持続可能性を含む）**

（a）政治と法に関する知識と批判的理解

1. 民主主義、自由、正義、平等、市民権、権利と責任、法規制の必要性、法の
   支配を含む政治的・法的概念に関する知識と理解。

2. 民主主義的プロセスに関する知識と理解、政党の役割、選挙プロセス、投票
   を含む民主主義的制度の仕組みに関する知識と理解。

3. 市民が公共の審議や意思決定に参加し、政策や社会に影響を与えることがで
   きる多様な方法についての知識と理解。市民社会やNGOがこの点で果たす
   ことができる役割についての理解を含む。

4. 民主主義社会における権力関係、政治的不一致、意見の対立についての理解、
   およびそのような不一致や対立を平和的に解決する方法についての理解。

5. 時事問題、現代の社会的・政治的問題、および他者の政治的見解についての
   知識と理解。

6. 民主主義に対する現代の脅威についての知識と理解。

(b) 人権に関する知識と批判的理解

1. 人権はすべての人間に内在する尊厳に根ざしたものであるという知識と理解。

2. 人権は普遍的、不可分であり、すべての人が人権を有するだけでなく、国籍、民族、人種、宗教、言語、年齢、性別、政治的意見、出生、社会的出自、財産、障害、性的指向、そのほかの属性にかかわらず、他者の権利を尊重する責任があることを理解する。

3. 人権に関連した国家と政府の義務に関する知識と理解。

4. 世界人権宣言、欧州人権条約、国連児童の権利条約を含む人権の歴史に関する知識と理解。

5. 人権、民主主義、自由、正義、平和、安全保障との関係についての知識と理解。

6. 社会や文化によって、人権の捉え方や経験の仕方が異なる可能性があり、そうした多様性は、文化的背景とは無関係に、人権に関する最低限の基準を定めた国際的に合意された法律文書によって規定されているという知識と理解。

7. 人権の原則が実際にどのように特定の状況に適用されるのか、人権侵害はどのようにして生じうるのか、人権侵害はどのようにして対処されうるのか、人権が対立する紛争はどのようにして解決し得るのかについての知識と理解。

8. 今日の世界における重要な人権課題に関する知識と理解。

(c) 文化と文化に関する知識と批判的な理解

1. 人々の文化的な帰属が、世界観、先入観、認識、信念、価値観、行動、他者との相互作用をどのように形成しているかについての知識と理解。

2. すべての文化的集団は、内部的に変化し、異質であり、固定化した固有の特徴を持たない。伝統的な文化的意味に異議を唱え挑戦する個人を含んでおり、常に進化し、変化しているという知識と理解。

3. 文化的集団のなかや文化的集団間での権力構造、差別的慣習、制度的障壁がどのように作用して、力を失った個人の機会を制限しているかについての知識と理解。

4. 特定の文化的帰属意識を持つ人々が活用する可能性のある特定の信念、価値

観、規範、実践、言説、製品、とくに自分とは異なる文化的帰属意識を持つと認識されている人たちが交流やコミュニケーションする際に活用するものについての知識と理解。

(d) 宗教の知識と批判的な理解

1. 特定の宗教的伝統の歴史の主要な側面、特定の宗教的伝統の主要なテキストと教義、異なる宗教的伝統の間に存在する共通点と相違点についての知識と理解。

2. 宗教的なシンボル、宗教的な儀式、宗教的な言語の使用についての知識と理解。

3. 特定の宗教を実践する人々の信念、価値観、実践、経験の主な特徴についての知識と理解。

4. 宗教の主観的な経験や個人的な表現は、標準的な教科書に掲載されている宗教の表現とはさまざまな点で異なる可能性があるという事実の理解。

5. 個々の宗教のなかに存在する信念と実践の内部的な多様性についての知識と理解。

6. すべての宗教団体には、伝統的な宗教的意味に異議を唱えたり、挑戦したりする個人が含まれていること、また、宗教団体には固定された固有の特徴があるのではなく、常に進化し、変化しているという事実について、知識と理解を深める。

(e) 歴史に関する知識と批判的理解

1. 歴史の流動的な性質や、過去の解釈が時間の経過や文化の違いによってどのように変化するかについての知識と理解。

2. 現代世界を形成してきた歴史的な力や要因について、特定の叙述への異なる視点を通じた知識と理解。

3. 歴史調査のプロセス、とくに事実がどのように選択され、構築されるか、そしてそれが歴史的な物語、説明、議論を生み出す際にどのようにして証拠となるかについての理解。

4. 周縁化されたグループ（文化的マイノリティや女性など）の貢献は、しばしば標準的な歴史的物語から除外されているため、歴史に関する代替的な情報

源にアクセスする必要性を理解する。

5. 歴史がしばしばどのように民族中心的な視点から提示され、教えられているかということについての知識と理解。

6. 民主主義と市民権の概念が、時代とともに異なる文化のなかでどのように進化してきたのかということについての知識と理解。

7. ステレオタイプ化が差別の一形態であり、人間の個性や多様性を否定し、人権を損なうために用いられ、場合によっては人道に対する犯罪にまで発展してきたことについての知識と理解。

8. 未来を見据え、現在に照らして過去を理解、解釈し、現代世界の課題と過去の関連性についての理解。

(f) メディアに関する知識と批判的な理解

1. マスメディアが公共に情報を発信する前に、情報を選択、解釈、編集するプロセスについての知識と理解。

2. 発信者と消費者が関わる商品としてのマスメディア、およびマスメディアのコンテンツ、イメージ、メッセージ、広告の発信者が持ち得る動機、意図、目的についての知識と理解。

3. デジタルメディアのコンテンツ、イメージ、メッセージ、広告がどのようにつくられているか、また、それらを作成したり複製したりする人のさまざまな動機、意図、目的についての知識と理解。

4. マスメディアやデジタルメディアのコンテンツが個人の判断や行動に与える影響についての知識と理解。

5. マスメディアやデジタルメディアにおける政治的メッセージ、プロパガンダ、ヘイトスピーチが生成される方法や、これらのコミュニケーション形態を見分ける方法、そして個人がこれらのコミュニケーションの影響から自分自身を守る方法に関する知識と理解。

(g) 経済、環境、持続可能性に関する知識と批判的理解

1. 雇用、収益、利益、課税、政府支出との関係を含む、社会の機能に影響を与える経済と金融のプロセスに関する知識と理解。

2. 所得と支出の関係、借金の性質と結果、借金の実質コスト、返済能力を超え

た借金のリスクに関する知識と理解。

3. 国際社会の経済的相互依存性、個人の選択や消費パターンが世界のほかの地域に与える影響についての知識と理解。

4. 自然環境および自然環境に影響を与える要因、環境破壊に伴うリスク、現在の環境問題、責任ある消費、環境保護と持続可能性の必要性についての知識と理解。

5. 経済的、社会的、政治的、環境的プロセスのつながり、とくにグローバルな視点から見た場合の知識と理解。

6. グローバル化に関連する倫理的問題についての知識と理解。

Council of Europe2018a：38-57 より抜粋・筆者訳

おわりに
～ ホンモノがあるからできること～

　2007年8月7日、国立民族学博物館と日本国際理解教育学会の共同企画で「博学連携教員研修ワークショップ2007」が開催されました。そこで、当時の草の根プロジェクト代表・高橋順一は、ある講演を行いました。「物が育てる異文化リテラシー——はじまりはいつも遊びから—」（傍点、筆者）です。
「異文化リテラシー」とは、「異文化間能力」と類似した概念ですが、ここで注目すべきは、この講演のサブタイトル「はじまりはいつも遊びから」です。なぜなら、このフレーズこそが、私たちの学びづくりの原点だからです。「なんだろう」「なぜだろう」「こうしたらどうなる？」そうした「遊び心」が種となり、私たちはヒトやモノを活用したアクティビティを生み出し、さまざまな知恵を絞り、あれこれ試しながら実践へ向かっていきます。

　そうしたプロセス自体を筆者ら自身が楽しむことによって、数多くのアクティビティを開発し、多様な現場で実践してきました。このプロセスでとくに意識してきたことは、「ホンモノがなければできないこととは何か」ということです。留学生や実物資料と直接関わる機会は、地域の教育現場においてそう多くはないはずです。そうであるならば、これらの教育リソースと学習者が出会うその時間を、可能な限り特別な体験ができる非日常的な時間・空間とすべきではないかと考えています。

　このような特別な学びの時間・空間を有意義にするには、やはり学習者とヒトやモノとの心的な距離を一気に縮め、主体的な参加を促す「遊び」の要素が欠かせません。「遊び」の要素と、異文化からやってきた「ホンモノ」を組み合わせることで、真正性のある異文化体験が可能となり、人間らしい学びへとつなげていくことができます。「学び」と「遊び」の両立は、草の根プロジェクトのアウトリーチ教育プログラムの柱になっているといえます。

人が集い、ともに楽しみながら関わり合い、そこでなされる活動やコミュニケーションから学びを得る。こうした形は、まさに、「主体的・対話的で深い学び」であり、異文化間能力に関わらず、幅広いコンピテンシーの育成に貢献するものであろうと考えます。

　本書で紹介したさまざまな実践とそれを支える「チエ・ワザ」は、広く世界を見渡してもほかには見られないユニークなものです。私たちにはそのような自負があります。そして、いつでも現在進行形です。今後もさらに創造的な教育支援の実践に取り組み、学内外の教育／学習に貢献していきます。その一つとして、本書が読者のみなさんのお役に立つことを願ってやみません。学校教育・社会教育に携わる教職員、保護者、市民をはじめ、多様な学びの場に携わるすべてのみなさんの「学びの種」になることを期待しています。

　最後になりますが、本書制作にご協力いただいた青梅市の田中眞先生、横浜市の横溝亮先生、運営委員の鷹木恵子先生・金子淳先生へお礼を申し上げます。そして、プロジェクト始動25年の間に出会ったすべての実践者や市民、学習者のみなさんへ心より感謝いたします。草の根プロジェクトは、これからもみなさんに開かれています。みなさんとつながり、連携して、豊かな学びづくりに取り組むことができれば幸いです。

桜美林草の根国際理解教育支援プロジェクト

岩本 貴永・清水 貴恵

https://www2.obirin.ac.jp/kusanone

【引用文献】

石塚美枝（2004）「小学校における交流活動参加を通した留学生の学び―留学生にとっての「異文化トレーニング」という視点から」日本国際理解教育学会編『国際理解教育』vol.10、創友社、pp.80-91.

大林太良（1998）「序文」大林太良、岸野雄三、寒川恒夫、山下晋司編『民族遊戯大事典』大修館書店、pp.i-ii.

上山民栄（1998）「草の根国際理解教育支援プロジェクトの理念と方針」高橋順一編『草の根国際理解教育年報』第 1 号、桜美林草の根国際理解教育支援プロジェクト、pp.1-5.

経済産業省（2005）「社会人基礎力」
https://www.meti.go.jp/policy/kisoryoku/index.html
（2022 年 1 月 14 日アクセス）

厚生労働省（2004）「企業が若者に求める就職基礎力」
https://www.mhlw.go.jp/houdou/2004/04/h0427-2b.html
（2022 年 1 月 14 日アクセス）

国際連合広報センター「持続可能な開発目標」
https://www.unic.or.jp/activities/economic_social_development/sustainable_development/sustainable_development_goals/
（2022 年 1 月 14 日アクセス）

小林亮（2019）「ユネスコの地球市民教育（GCED）が目指す共生型のグローバル人材育成の試み」日本国際理解教育学会編『国際理解教育』vol.25、明石書店、pp.36-46.

小山英恵（2020）「新学習指導要領が目指す教育課程―国際理解教育の展望―」日本国際理解教育学会編『国際理解教育』vol.26、明石書店、pp.61-70.

清水貴恵（2015）「社会とつながる留学生の学び」佐々木倫子、岡田英夫、鈴木理子、ローズ（平田）昌子『日本語教育の現場から　言葉を学ぶ／教える場を豊かにする 50 の実践』ココ出版、

pp.241-257.

高橋順一（1998）「異文化理解教育における博物館的アプローチの提案」高橋順一編『草の根国際理解教育年報 』第 1 号、桜美林草の根国際理解教育支援プロジェクト、pp.49-56.

高橋順一（2005）「博物館資料を用いたアウトリーチ教育プログラム・プログラムの新視点」森茂岳雄編『国立民族学博物館を活用した異文化理解教育のプログラム開発』国立民族学博物館調査報告 vol.56、pp.247-260.

高橋順一（2007a）「モノが育てる異文化リテラシー」多田孝志、森茂岳雄、中牧弘允編『学校と博物館でつくる国際理解教育　新しい学びをデザインする』明石書店、pp.40-53.

高橋順一（2007b）「『異文化発見キット』―利用者と支援者との対話」多田孝志、森茂岳雄、中牧弘允編『学校と博物館でつくる国際理解教育　新しい学びをデザインする』明石書店、pp61-67.

高橋順一（2008）『桜美林草の根国際理解教育支援プロジェクト利用の手引き』桜美林草の根国際理解教育支援プロジェクト

田中友義（2016）　「欧州の反グローバリズム台頭の背景－経済格差、難民危機、エリート・大衆、ポピュリズムという要因」『季刊　国際貿易と投資 』105 号、一般財団法人国際貿易投資研究、pp.16p-33.
http://www.iti.or.jp/kikan105/105tanakat.pdf
（2022 年 1 月 14 日アクセス）

駐日欧州連合代表部 公式ウェブマガジン EU MAG「EU はどのように拡大してきたのですか?」
https://eumag.jp/questions/f0312/
（2022 年 1 月 14 日アクセス）

内閣府 人間力戦略研究会（2003）「人間力戦略研究会報告書　若者に夢と目標を抱かせ、意欲を高める～信頼と連携の社会システム～」
https://www5.cao.go.jp/keizai1/2004/ningenryoku/0410houkoku.pdf
（2022 年 1 月 14 日アクセス）

中野民夫（2001）『ワークショップ―新しい学びと創造の場』岩波新書

中野民夫（2003）『ファシリテーション革命―参加型の場づくりの技法』岩波新書

年金積立金管理運用独立行政法人 「ESG投資」 https://www.gpif.go.jp/investment/esg/#a （2022年1月14日アクセス）

松尾知明（2017）「資質・能力とアクティブ・ラーニング―国際理解教育の授業デザインへの示唆―」日本国際理解教育学会編『国際理解教育』vol.23、明石書店、pp34-43.

松下達彦（2000）「『外国学生訪問授業』1999年度の総括―人の交流を通じた地球市民教育を目指して―」石塚美枝、藤代将人編『草の根国際理解教育年報』第2号、桜美林草の根国際理解教育支援プロジェクト、pp.42-51.

文部科学省（2006）「参考資料9　各専攻分野を通じて培う「学士力」―学士課程共通の「学習成果」に関する参考指針―」
https://www.mext.go.jp/b_menu/shingi/gijyutu/gijyutu10/siryo/attach/1335215.htm
（2022年1月14日アクセス）

Arasaratnam, L. (2016, February 03). Intercultural Competence. Oxford Research Encyclopedia of Communication. Retrieved 11 Dec. 2020, from https://oxfordre.com/communication/view/10.1093/acrefore/9780190228613.001.0001/acrefore-9780190228613-e-68.
（2022年1月14日アクセス）

Barrett, M. (2018). "How schools can promote the intercultural competence of young people." European Psychologist, 23 (1), pp.93–104.
https://doi.org/10.1027/1016-9040/a000308
（2022年1月14日アクセス）

Barrett, M. & Byram, M. & Lázár, I. & Mompoint-Gaillard, P. & Philippou, S. & Huber, J. & Reynolds, C.(ed.)& Huber, J.(series ed.) (2014) Developing intercultural competence through education. Council of Europe Pestalozzi Series, No. 3. Strasbourg, France: Council of Europe Publishing.

https://www.coe.int/t/dg4/education/pestalozzi/Source/Documentation/Pestalozzi3.pdf
（2022 年 1 月 14 日アクセス）

Council of Europe（2018a）REFERENCE FRAMEWORK OF COMPETENCES FOR
DEMOCRATIC CULTURE Volume 1:Context, concepts and model. Strasbourg. France:
Council of Europe Publishing.

http://rm.coe.int/prems-008318-gbr-2508-reference-framework-of-competences-vol-1-
8573-co/16807bc66c
（2022 年 1 月 14 日アクセス）

Council of Europe（2018b）REFERENCE FRAMEWORK OF COMPETENCES FOR
DEMOCRATIC CULTURE Volume 3 : Guidance for Implementation. Strasbourg. France:
Council of Europe Publishing.

http://rm.coe.int/prems-008518-gbr-2508-reference-framework-of-competences-vol-3-
8575-co/16807bc66e
（2022 年 1 月 14 日アクセス）

Council of Europe（2016）COMPETENCES FOR DEMOCRATIC CULTURE Living
together as equals in culturally diverse democratic societies. Strasbourg. France: Council of
Europe Publishing.

https://rm.coe.int/CoERMPublicCommonSearchServices/DisplayDCTMContent?docum
entId=09000016806ccc07
（2022 年 1 月 14 日アクセス）

Guilherme, M. (2013).Intercultural competence. Byram, M. (ed.) & Hu, A. (ed.)
The Routledge Encyclopedia of Language Teaching and Learning. 2nd ed.
Abingdon,Oxson:Routleg.pp.346-349.

Spitzberg, B. & Changnon, G. (2009) Conceptualizing intercultural competence. Deardorff,
D. K(ed).The Sage handbook of intercultural competence. Thousand Oaks, Calif.: Sage
Publications.pp.2-52.

Wagner, M. and Byram, M. (2017). Intercultural Citizenship. In The International Encyclopedia of Intercultural Communication, Y.Y.Kim(Ed.).
https://doi.org/10.1002/9781118783665.ieicc0043
（2022 年 1 月 14 日アクセス）

【参考文献・Web サイト】

大津和子（2011）「国際理解教育の概念と目標」、日本国際理解教育学会編『現代国際理解教育事典』明石書店、pp.14-15.

苅宿俊文・佐伯胖・高木光太郎（2012）『ワークショップと学び1 まなびを学ぶ』東京大学出版会

角屋重樹（2012）『持続可能な発展ための教育（ESD）を学校教育でどう進めるか?! ESDの学習指導過程を構想し展開するために必要な枠組み 最終報告書』国立教育研究所教育課程研究センター
https://nier.repo.nii.ac.jp/?action=repository_uri&item_id=459&file_id=22&file_no=1
（2022 年 1 月 14 日アクセス）

コミサロフ喜美（2001）「文化とは何か」八代京子・荒木晶子・樋口容視子・山本志都・コミサロフ喜美『異文化コミュニケーションワークブック』第1章、三修社、pp.24-27.

佐伯胖（2010）『「学び」の認知科学辞典』大修館書店

出入国在留管理庁（2021）「令和2年末現在における在留外国人数について」（統計資料）
https://www.moj.go.jp/isa/content/001344904.pdf
（2022 年1月 14 日アクセス）

出入国在留管理庁（2021）「令和2年末現在における在留外国人数について」（概要）
https://www.moj.go.jp/isa/publications/press/13_00014.html
（2022 年1月 14 日アクセス）

柴田義松（2006）『ヴィゴツキー入門』子どもの未来社

ジーン・レイヴ，エティエンス・ウェンガー著 ／佐伯胖訳（1993）『状況に埋め込まれた学習−正統的周辺参加』産業図書

田島信元（2003）『共同行為としての学習・発達−社会文化的アプローチの視座』金子書房

永田佳之（2015）「ユネスコを中心とした国際理解教育」日本国際理解教育学会編著『国際理解教育ハンドブック – グローバル・シティズンシップを育む』明石書店、pp.202-209.

中山京子（2017）「国際理解教育実践におけるアクティブ・ラーニング」日本国際理解教育学会編『国際理解教育』vol.23、明石書店、pp.44-52.

松尾知明（2015）「21 世紀に求められるコンピテンシーと国内外の教育課程改革」『国立教育政策研究所紀要』第 146 集、国立教育政策研究所、pp.9-22
https://www.nier.go.jp/03_laboratory/kankou_kiyou_146.html
（2022 年 1 月 14 日アクセス）

溝上慎一（2014）「アクティブラーニングと教授学習パラダイムの転換」東信堂

森茂岳雄（2015）「カリキュラム開発の先駆」日本国際理解教育学会編著『国際理解教育ハンドブック – グローバル・シティズンシップを育む』明石書店、pp.88-95.

文部科学省（2020）「日本語指導が必要な児童生徒の受入状況などに関する調査（平成 30 年度）」の結果の訂正について（概要）
https://www.mext.go.jp/b_menu/houdou/31/09/1421569_00001.htm
（2022 年 1 月 14 日アクセス）

渡部淳（2010）「国際理解教育の理論と概念」日本国際理解教育学会編著『グローバル時代の国際理解教育実践と理論をつなぐ』明石書店、pp.18-25.

八代京子・荒木晶子・樋口容視子・山本志都・コミサロフ喜美（2001）『異文化コミュニケーションワークブック』三修社

山本志都（2011）『異文化間協働におけるコミュニケーション―相互作用の学習体験化および組織と個人の影響の実証的研究』ナカニシ出版

◎ 桜美林大学叢書の刊行にあたって

　「隣人に寄り添える心を持つ国際人を育てたい」と希求した創立者・清水安三が一九二一年に本学を開校して、一〇〇周年の佳節を迎えようとしている。

　この間、本学は時代の要請に応えて一万人の生徒・学生を擁する規模の発展を成し遂げた。一方で、哲学不在といわれる現代にあって次なる一〇〇年を展望するとき、創立者が好んで口にした「学而事人」（学びて人に仕える）の精神は今なお光を放ち、次代に繋いでいくことも急務だと考える。

　一粒の種が万花を咲かせるように、一冊の書は万人の心を打つ。願わくば、高度な知性と見識を有する教育者・研究者の発信源として、現代教養の宝庫として、さらには若き学生達が困難に遇ってなお希望を失わないための指針として、新たな地平を拓きたい。

　この目的を果たすため、満を持して桜美林大学叢書を刊行する次第である。

　　　　二〇二〇年七月　学校法人桜美林学園理事長　佐藤　東洋士

石塚美枝
（いしづか・みえ）
国際学修士（MA）。専門は日本語教育。桜美林大学日本言語文化学院（留学生別科）専任講師を経て、現グローバル・コミュニケーション学群准教授。留学生別科教務責任者兼務。1997年の桜美林草の根国際理解教育支援プロジェクト設立時に院生として参加し、その後留学生の小中学校訪問や国際理解教育授業参加を担当。現在は同プロジェクト代表。

岩本貴永
（いわもと・たかひさ）
桜美林大学国際学部国際学科卒業、同学で博物館学芸員資格を取得。多摩美術大学美術学部芸術学科へ編入学し、卒業後は文化施設の運営に携る。2006年より桜美林草の根国際理解教育支援プロジェクトでアウトリーチ教育コーディネーターとして勤務。2014年からはエデュケーターを兼務、これまで学内外で500件以上のワークショップや体験型出張博物館を企画・実施。青山学院大学ワークショップデザイナー養成講座修了。

清水貴恵
（しみず・たかえ）
外国人児童生徒教育コーディネーター、日本語講師として学校教育に従事。桜美林大学リベラルアーツ学群兼任講師。生涯学習概論、ワークショップ実習、外国人児童生徒教育、コミュニケーション系の科目を通じて、多様な人々が共に学び生きる社会について教える。桜美林草の根国際理解教育支援プロジェクトでは、エデュケーターとして「聴く＋協働」の大切さをひろく伝えている。言語教育（日本語教育）修士。ワークショップデザイナー。

ワークショップでつくる異文化間教育——ホンモノが生み出す学びの意義と可能性

2022年3月20日　初版第1刷発行

監修者	石塚美枝
著　者	岩本貴永　清水貴恵
発行所	桜美林大学出版会
	〒151-0051　東京都渋谷区千駄ヶ谷 1-1-12
発売所	論創社
	〒101-0051　東京都千代田区神田神保町 2-23　北井ビル
	tel. 03（3264）5254 fax. 03（3264）5232　https://ronso.co.jp
	振替口座　001601155266
装釘	宗利淳一
組版	桃青社
印刷・製本	丸井工文社

ISBN978-4-8460-2082-8

落丁・乱丁本はお取り替えいたします。